ドラええ話

中日ドラゴンズ
とっておきエピソード
80

CBCテレビ アナウンス部編著

中日新聞社

はじめに

球団創設80周年を迎えた中日ドラゴンズは、天才アスリートの集団です。私たちＣＢＣのアナウンサーは、彼らの驚くべき身体能力と高い技術力に強い憧れと尊敬の念を抱きながら取材をし、実況を続けてきました。しかし選手の持つ「心・技・体」のうち、「技・体」は表現できても、「心」については普段の放送ではなかなか紹介しづらく、もどかしい思いを抱いていたのも事実です。そこで誰よりも近くで彼らを見てきた私たちが、とっておきのいい話を持ち寄ることにしました。ここには懐かしのＯＢからバリバリの現役まで80の物語が綴られています。

普段は白球を追う彼らが紡ぐ珠玉のエピソードの数々―。愛すべきドラ戦士の素顔にぜひ触れて下さい。読後は、もっと中日ドラゴンズの選手たちが好きになるはずです。

これはアナウンサーの目に映った、選手たちの私小説です。

ＣＢＣアナウンサー　久野　誠

I 若竜篇 p.09

とっておきエピソード 80 ドラええ話

II 主力・OB篇 p.49

Ⅲ CBC解説者篇 p.169

Ⅳ 歴代監督篇 p.199

Ⅴ バラエティ・エピソード篇 p.237

CONTENTS

若竜で新時代!
ドラゴンズ愛して60年!!
三度のメシよりドラゴンズ!!（説得力ないけど…）
ドラええ話
中日ドラゴンズ とっておきエピソード 80
心の実況!!
おしゃべりメガネ
青色を見ると血が騒ぎます!!
この話ナイショにしといてくださいね
熱烈応援!!
ドラ一筋!! これからも
CBCテレビ アナウンス部編著
でもドララブ♡
愛のある実況～

［凡例］

所属、肩書などは 2016 年 1 月末時点のものである

文中の人物の敬称は、原則として略した

I
若竜篇

1/80

福谷浩司エピソード　その❶

そこまでやるの？ 福谷浩司投手のプライベート

2014年のオフ。「サンデードラゴンズ」は、福谷浩司投手の私生活を垣間見ようと、自宅の撮影を敢行。私もお部屋に上がらせていただきました。引っ越したばかりであまり部屋が片付いていない、と話していた福谷投手でしたが、いやいや全然！ というより綺麗すぎて、女である私は自分の部屋を思い出して恥ずかしくなりました…。しかも、ただ綺麗に片付いているだけじゃない。生活感がきちんとありながら気持ちのいい空間、とでもいいますか、それは、〝主婦の部屋づくり〟でした。

柳沢彩美

やなぎさわ・あやみ／1987年10月14日生　名古屋市出身　愛知淑徳高校→愛知淑徳大学　2010年入社
担当番組：TV『イッポウ』『サンデードラゴンズ』　趣味：タイ料理と貝料理を食べること

一番驚いたのが「冷蔵庫に貼られた一枚の紙」。これ、筋トレのメニューでも、今月のスケジュールでもありません。冷蔵庫の中に、今どんな食材が入っているのか書いてあるんです。その日書いてあった食材はさつまいも、じゃがいも、にんじん…などなど。前の晩はカレーを作ったそうです。

「家をあけることも多いですし、何が入ってるか忘れちゃうんですよね。なるべく食材を無駄にしないように、買い物に行って買ってきては、このメモに書き足しています。昨日はさつまいものカレーを作りました。特に旬のものはよく食べるようにしています。体にイイっていうじゃないですか！」

アスリートたるもの、練習メニューを考えそれをきっちりとこなすことも、健康管理に気づかい旬の野菜さつまいもを入れてカレーを自炊することも大切…なのはわかりますが、ちょっと〝主婦力〟が高すぎませんか⁉。

ちなみにその冷蔵庫にはもう一枚張り紙が。それは「ゴミの日」のお知らせ。可燃はこの曜日、不燃はこの曜日と、蛍光マーカーでラインまで引いてあり…。

福谷さん、やっぱり主婦力高すぎません？

福谷浩司エピソード　その❷

圧倒的自己管理能力

江田　亮

ドラゴンズの「インテリ魔神」こと、福谷浩司投手。慶應大学理工学部を優秀な成績で卒業、かつドラフト1位の剛速球右腕。まさに文武両道を地で行く彼の几帳面さや、頭の良さを感じさせる逸話は数多くあり、彼と話すたびに私が勝手に作り上げた「豪快なプロ野球選手イメージ」というものが、どんどん壊されていくのです。

こんなプロ野球選手もいるんだ、と常々感じるわけですが、ある時「月々の食費ってさ、収入のどれくらいの割合占めてる?」と聞かれたのには驚きました。え、いや、そんなこと一人暮らしの私は考えたこともないし、まして把握してないし、そもそもなぜ、そんなことが気になるのか分からないし、と恥ずかしながら返答に困りました。その時彼は、たくさんの収入がある自分が、世間とかけ離れたお金の使い方をしていないのか、知りたかったんだそうです。数千万、または億にまで届くプロ野球選手の年俸。豪快に夜の街でお金を使うなんて決して珍しくない世界で、金銭感覚は異なって当然なのですが、それを良しとせず、さらに聞けばパソコンで家計簿まで付けている、と言うではない

えだ・りょう／1989年4月19日生　神奈川県川崎市出身　桐蔭学園高校→早稲田大学　2013年入社
担当番組：TV『ゴゴスマ』『キユーピー3分クッキング』　ラジオでは野球中継のレポーター、競馬実況を担当
趣味：おいしいものを食べること、読書・ミュージカル鑑賞

ですか！ 世の20歳代半ばの男性で、そんなにしっかり自分のお金の管理ができている人が、どれほどいるのでしょうか。まして数千万稼ぐあなたほどのプロ野球選手が！ またひとつ彼によって、私のプロ野球選手イメージが崩された瞬間でした。

その後も話は、もっといろんな世界を知ってみたいこと、さらに、まだ漠然としたものながらセカンドキャリアにまで及びます。私は、ただただ関心するばかり。自分の足元はしっかり固めながら、ずっと先も見据えて歩いてる福谷投手。そういえば、一流のメジャーリーガーには選手として活躍した後、経営者としても成功する、という例は少なくありません。

では福谷投手、どうせなら夢はでっかく！「沢村賞」と「ノーベル経済学賞」の同時受賞、なんていかがでしょうか（笑）。

2
80

縁とタイミング 祖父江大輔

毎年、ドラマが生まれる運命のドラフト会議。複数球団が競合する逸材もいれば、プロ入りの夢叶わず、涙を飲む選手もいます。

今年でプロ3年目を迎える祖父江大輔投手は、指名と指名漏れを経験した投手です。愛知高から愛知大学、トヨタ自動車へと進み、中日からドラフト5位指名を受けて入団。苦い思い出は、愛知大学4年の秋でした。

「初めて調査書が届いた時は嬉しかったです」と祖父江投手。獲得に興味がある球団からは、就活のエントリーシートのような調査書と呼ばれる用紙が届きます。「基本的にA4の紙1枚ですが、裏表に書くチームもありましたね。郵送もありましたし、FAXでやり取りする球団もありました。名前、生年月日、身長、体重、握力、50メートル走のタイム、遠投の距離、ストレートのMAX、球種も書きました。学生時代に最も印象に残った試合は？という欄があった球団もありました」。大差はありません

若狭敬一

わかさ・けいいち／1975年9月1日生　岡山県倉敷市出身　岡山県立玉島高校→名古屋大学　1998年入社
担当番組：TV『サンデードラゴンズ』『ゴゴスマ』　ラジオ：『若狭敬一のスポ音』

が、各球団によって書式や記入内容が微妙に異なるようです。「ちょっと見栄を張りましたよ」と笑う祖父江投手。「球種の欄に、投げてもいないフォークって書きました。大学の時は真っすぐとスライダーしかなかったんですけど、これじゃ少ないなと思って」、と打ち明けてくれました。

結局、大学4年の秋にはソフトバンク以外の11球団から調査書が届いたそうです。プロ志望届も出し、自信満々でドラフト当日を迎えました。「絶対、指名されると思いました。広島とDeNAは3位以内という話もありましたし」。ところが、ふたを開けてみると、祖父江大輔の名前は全く呼ばれません。「こんなこと言っては失礼ですが、実力的に自分より劣っていると思っていた選手や、全然名前も聞いたことない選手が指名されると、焦りや苛立ちが生まれるんですよ」。時間が経つにつれ、不安が膨らみ、期待がしぼみます。「一番、きつい言葉は選択終了です」。これ以上、指名する選手がいないことを意味する選択終了。テレビ画面から聞こえるこの言葉が、胸に突き刺さるそうです。報道陣や学校関係者が詰めかけた会見場も、やがて重い空気に。「僕の時はバッテリーを組んでいた赤田が中日から育成ドラフトにかかったんですが、蚊の鳴くような声で『おめでとう』と言った記憶があります」。結局、祖父江投手はプロからの指名を受けることはありませんでした。

その後、トヨタ自動車へ就職。ドラフト解禁となる社会人2年目の秋、厳しい現実を突き付けられました。「調査書、まさかのゼロでした」。大学4年時には11球団から届いたものが、2年後にゼロになる屈辱。「さすがにへこみました」。

それでもプロへの夢を諦め切れず、練習に励みました。3年目の秋はDeNAのみから調査書が届くも、指名漏れ。「2年続くと、もう駄目だと思いましたし、だんだん慣れてくるんです」と苦笑い。そして、迎えた社会人4年目の秋、調査書は中日、DeNA、広島、楽天の4球団から届きました。「あの年のドラフトも、3位指名くらいまでを会見場で見た後は、席を立ったと思います。今年もダメかなと。すると、チームスタッフから中日の5位だぞって。嬉しい気持ちよりも、ほっとした気持ちの方が強かったですね」

私はドラフト会議の翌日、トヨタ自動車のグラウンドで祖父江投手を取材しました。「年齢が年齢なので、1年目から勝負しないとだめだと思います」と、ことあるごとに年齢を口にし、即戦力で活躍することを強く意識していました。その言葉通り、1年目には54試合、2年目も33試合に登板し、どんな場面でも投げまくるタフネスぶりを発揮しています。

ドラフトには、縁とタイミングがあります。「僕は遠回りして良かったと思います。大学4年の時は、正直天狗でしたから、あのままプロに入っていたら、なめていたかもしれません」と祖父江投手。今年もプロに入った喜びを胸に、腕を振り続けるでしょう。「実はまだ未勝利なんですよね。リリーフですから、あまり勝ち負けには執着していないんですが、このまま0勝で終わるのは…」。

遅咲き右腕の祖父江投手。今年は、プロ初勝利という花を咲かせてほしいものです。

3
80

未来予想図　川崎貴弘

若狭敬一

川崎貴弘投手。津東高校からドラフト5位で入団した長身右腕です。今年で5年目を迎えますが、プロでの実績は、わずかに1試合1イニングに登板したのみ。去年は育成契約となり、四国アイランドリーグの香川オリーブガイナーズへ派遣されました。厳しい表現を使えば、去年はドラゴンズの戦力ではなかったわけです。

「とても良い経験をしました。戦力として1年間試合に出られたこと。しびれる場面で登板できたこと。全てが貴重な体験でした」。去年の秋季キャンプ中、川崎投手は四国での生活を振り返ってくれました。四国アイランドリーグには香川、愛媛、徳島、高知の4球団があり、1チームは30名前後。前期と後期でそれぞれ34試合を戦います。川崎投手は主に先発として18試合に登板。5勝5敗、防御率2・92の成績を収めました。ポストシーズンでは、前期優勝の香川と後期優勝の愛媛が激突。香川の川崎投手は、元日本ハムで新人王を獲得した愛媛の正田樹投手と投げ合い、勝利しました。「大事な試合で、元プロで活躍されていた正田さんと投げ合って勝てたのは、自信にもなりました」。

川崎投手は四国の地で数多くの実戦を積んだだけでなく、新しい球種も覚えました。「フォークです。中日の2軍ではほとんど投げていなかったのですが、四国で練習して、勝負球で使えるようになりました。三振もかなり奪えました」と、白い歯をこぼします。また、6月にはリーグの選抜チームに選ばれ、アメリカとカナダに渡り、海外の選手とも戦いました。

四国アイランドリーグは、プロの夢をかなえる最後の場所であり、諦める最後の場所でもあると言われています。「みんなプロ志望です。レベルは高いですし、ハングリーです。刺激を受けました」と川崎投手。給料は月に20万円前後。独立リーグの選手は、厳しい環境の中でしのぎを削っています。

「移動はバスです。ナイターでも、ほとんど日帰りなんです。ホテルに宿泊することはめったにありません。帰宅が夜中の2、3時になることもありました。それからご飯を食べて、洗濯をして。プロの2軍の方がはるかに恵まれています」。体を酷使しながら、白球と夢を追いかける日々が続きます。「ケガしても、みんな試合には出ていましたよ。チャンスを明け渡したらもう終わり、くらいの覚悟でしたね」。

川崎投手の話を聞いて、私はある投手を思い出しました。プロ5年目の1988（昭和63）年春、その投手はドジャース傘下の1Aのチームに派遣され、アメリカ大陸をバスで移動しながら、メジャーを目指す若者たちと切磋琢磨し、ハンバーガーで飢えをしのいで戦力として投げ続けました。新たにスクリューボールを覚え、凡打の山を築き、1Aのオールスターに選ばれました。シーズンの終盤に帰国して5連勝。ドラゴンズのリーグ優勝に貢献しました。その投手とはもうお分かりですね。数々の最年長記録を更新した山本昌投手です。

日米の違いはありますが、ドラゴンズを離れて別チームに派遣され、ハングリーな若手選手と汗を流したという境遇。球種の違いはありますが、新しい武器を身につけたという成長。左右の違いはありますが、ドラフト5位指名の高卒長身投手というタイプ。二人には共通点が多いことに気付きます。川崎投手が第2のレジェンドへ。そっと心に描く未来予想図は、果たして思った通りに叶えられていくのでしょうか。今後の川崎投手に注目です。

4
80

プロフェッショナル後輩
浜田智博

江田　亮

「先輩は神様」。体育会系の世界において、年功序列の上下関係の強さを表す言葉として、よく耳にするフレーズです。それゆえに、学生時代を体育会で過ごした人というのは、時に発生する理不尽なことへの対応も含め、目上の人への礼儀には「体育会系らしさ」とでもいうのでしょうか、本当に素晴らしいものがあります。そして、その体育会系流とも言うべき礼儀正しさは学生を抜けて、プロ野球という世界に入ってもなお全く変わらないようで、「そこまでしなくても！」と私が思わず笑ってしまうほどの体育会系模範生が、ドラゴンズにいるのです。それは、「ハマ九」こと浜田智博投手。

彼のルーキーイヤーもあと少しで終わろうかという、昨年9月下旬のある晩。彼と他のドラゴンズの選手や、私の友人などを含め6人ほどで食事する機会がありました。堅苦しい席ではなかったのですが、たまたまその場では彼が1番年下ということもあり、自然と下座を意識するハマ九。なるほど、さすが体育会の血がそうさせるのだな、と私も感じつつ、普段気を使ってばかりいるのだなと思い、今回くらいはただ楽しんでもらおうと私が下座に座り、ドリンクの注文も含めて気にしなくていいからと、違う席に座ってもらったのです。しかし、こういった私の気遣いが、かえって彼を落ち着かない状態に追い込んでしまったと、後になって反省したところです。

ある意味、自分の定位置とも言える場所（下座）を奪われたハマ九は、もう落ち着くことができないわけです。体育会の血が騒ぎます。下座に行きたい。でも、そこにはすでに年上の私がいて、どうすることもできない。となっても、下座以外での振る舞い方もよくわからない。年上の私にドリンクの注文を頻繁に頼むのが申し訳ないと思ったのか、お酒はなかなか進まない。振り返って本当に申し訳ないことをしたと思います。

ただ、その時の私はそんな彼の心持ちを微塵にも感じていなかったものですから、下座に居座り続けました。いよいよ耐えられなくなったハマ九は、ついに「江田さん！席代わってもらえませんか…この席どうも落ち着かないんです…」と実力行使に出るではありませんか。しかも15分おきに言い方にバリエーションをつけて、リピート機能付きで！さすがに、そこまでされて彼の気持ちに気がつかないほど鈍感ではありませんでしたが、逆にこのままにしておいたらどうなるんだろう、と彼への気遣いはどこかへ行ってしまって、あえてここは譲るまいと、私の中に意地悪い心が生まれてきたのです。

しかし、一瞬、ほんの一瞬、私が気を抜いた瞬間を、彼は突いてきたのです。私がトイレのために席を立った、何分とない短い時間でした。席に戻ってきた私が見たのは、本来空いているはずの私の席に、まるで会の最初からそこにいたかのように座り、当たり前のように私を上座へいざなうハマ九の姿でした。参った…。そこに体育会系の本気、いえ、「プロフェッショナル後輩」を見ました。

下座奪取に成功したハマ九は、この会が終わるまで、そして店を2軒目に移した後も二度と私に下座を譲ることなく、ドリンクの注文、空いたグラスの片付けに気を遣っていたことを私は忘れません。先輩への気配り、諦めない心。社会人にとってとても大切なことを改めて教えられた、思い出させてもらったプロ後輩、いえ、社会人としてのハマ九の行動でした。

しかし、マウンドの上では先輩に遠慮はいりません。したたかに、かつ大胆な、浜田投手の「下剋上」を期待しております。

5
80

岡田俊哉投手、初恋のお相手は

「とっしゃん、おめでとう！」

　昨シーズンオフ、生まれ育った和歌山に凱旋し、感動の結婚披露宴を開いた岡田俊哉投手夫妻。地元の海岸をバックにたたずむ式場で、真っ白なタキシード、純白のドレスで入場する二人を、皆が拍手で出迎えました。

　新郎は名門・智弁和歌山高で1年春からベンチ入り、2年夏のベスト8など甲子園に4度出場した左腕。そして、会場では、新婦側にも高校のお仲間の笑顔がこぼれます。

　そうなんです。二人とも和歌山県内の高校に通い、卒業後、それぞれの夢に向かって走りながら、運命の再会。そして、この良き日を迎えたのです。

宮部和裕

みやべ・かずひろ／1973年6月21日生　名古屋市西区出身　愛知県立千種高校→早稲田大学　1997年入社
担当番組：TV『ニュースワイド』『ジャストナウアイチ』『ニュースな日曜日』など　ラジオ『宮部和裕のドラゴンズEXPRESS』『ドラ魂KING』　趣味：プラネタリウム巡り、アマチュアボクシング出逢いは、ともに高校2年生、夏の甲子園で活躍の直後、新郎の先輩Mさんと新婦の先輩Yさんが友人という縁で紹介を受け、その時は携帯メールアドレスだけを交換。当初はお互い勉学と部活動に忙しく、マンモス校ゆえ顔を合わせることも少なくて、ショートメールのやりとりばかりでした。

ところが、通学途中のローカル鉄道・紀の国線の御坊駅で、お互いにメールを送ったその直後に、なんと二人は同じ列車で直接対面。照れて逃げる岡田投手を追いかける彼女がひと言、

「ちょっとっ！」

そこから交際が始まったそうです。その後、岡田投手が、修学旅行のお土産のネックレスをプレゼントするなど、高校生らしい交際。しかも、彼女のお父さまは野球好きで代々野球部を応援していて、岡田投手の活躍ももちろんスタンドから観戦済み。お互いの部活動が忙しい中、自家用車で送り迎えをしてくれたそうです。数分でも会えた時には、将来の夢を語り合って。

そして迎えた高校3年生の秋、ドラゴンズからドラフト1位指名を受けた岡田投手。しかも、直後が彼の誕生日ということもあり、二人はさらに交際を深めていきました。

ところが、年が明けて1月8日、和歌山を離れ名古屋へ向かう前日になって、二人の交際はピリオドを打ちます。彼女は、プロ野球という大舞台での活躍を願うからこそ、自身が身を引くことを決断したのです。それぞれの将来の夢の実現を果たすために。

その後の岡田投手の活躍はドラファンの知るところ。彼女も奈良の大学へ進み、幼児教育の世界を志しました。

やがて二人は、あの時語り合ったそれぞれの夢を叶えるためには、お互いの存在が必要だと実感、再確認。和歌山と名古屋との中距離恋愛となりました。

そして、この良き日に、智弁の恩師、先輩や同級生、親戚、ご両親に見守られての披露宴を迎えることとなりました。私も司会席から幸せのお裾分け、いただきました。

宴もたけなわ、なんといっても、甲子園采配最多勝利記録をもつ名将、高嶋監督の言葉が重かったです。

「くれぐれもひとつ。わが野球部は、在校中の男女交際、禁止ですから！」

6
80

これぞやんちゃエース 大野雄大投手

宮部和裕

「鳥谷さんが、打席であんな表情したので、ボクがびっくりしました」

昨年5月の甲子園、大野雄大投手が新球フォークボールで、鳥谷敬選手から空振りを奪った直後の思いです。

ダイナミックなフォームから繰り出すストレートに加え、その効果を何倍にも増してくれるフォーク。その勢いで、彼は一気にドラゴンズの大黒柱にのし上がりました。

「安心してください！ボクはどこまでも木に登っていきますよ！」

流行語に重ねて、茶目っ気たっぷりに話してくれた左腕は、今や侍ジャパンにも欠かせない戦力です。

彼の投球を初めて見たのは、動画サイトでした。見慣れない佛教大のユニフォームで、左腕がちぎれてしまうのではないかというほどの投げっぷり。驚がくの映像でした。その大野投手をわがドラゴンズは、左肩痛が完治すると見越してドラフト1位指名。プロ入り後、その痛みは、プロならだれでも経験する程度のものだったことが分かった時は安心したといいますが、プロの世界は厳しい。

ルーキーイヤー、2軍での初登板は、夏が近づいたナゴヤ球場での社会人チームとの交流試合でした。その初陣で大野はアマチュアの9番打者に、いきなり満塁本塁打を打たれます。その姿をスタンドでこっそり見守るお母様とフィアンセ。思えば、プロの洗礼、いや、ノンプロからの快気祝いは厳しいものでした。

あれからはや5年。愛されキャラの大野投手の周りには、とにかく仲間が集まります。

「吉見さんには、野球のことを尊敬して人が集まりますが、ボクの周りには、なんだか…」

と笑い飛ばすやんちゃ青年。とにかくいつも大盤振る舞い。お酒を呑むときは呑む。練習でストイックに追い込むときは徹底する。そしてまた仲間と呑む。束の間のオフに故郷・京都へ帰ると、予告前から同級生が待っているそうです。

「酔っぱらって、毎年、長財布を落としちゃうんですよね。今はもう、妻からクレジットカードは持ち歩き禁止にされちゃいまして…」

いいぞ、平成生まれの「昭和の」大エース！そして奥さま、さすが。

さらなる武勇伝は2年前の夢のオールスター出場の大阪で。谷繁兼任監督や山井大介先輩に、球宴初選出の宴を開いてもらいました。気分は高揚、最高潮の大野投手、いつの間にかどこかに顔を打ち付け、なんと、立派な前歯2本が欠けてしまったんです。おかげで、憧れの球宴初登板の直後には満面の笑みを作れず、おちょぼ口でニッコリ。ただ、ペナントレース再開には歯の治療を間に合わせたところは、さすがでした。

そんなこんなで、「雄大」の名前の通り、大胆かつ慎重さを併せもつ大野投手。最近は試合前のブルペンで、「おれ、今日はノーヒットノーランいけるんちゃうか！」と自己暗示してマウンドへ向かうそうです。頼もしい限りです。たしかに、去年は終盤まで無失点という試合が多かったですもんね。

もちろんそんな簡単なことじゃないことは、半分お調子者さんを敢えて演じている彼自身が、一番分かっています。そのままのスタイルで大黒柱に。しっかり者の吉見一起兄さんに、マイペースリーダー大島洋平、超天然なキャプテン・平田良介、そして彼は、新選手会長兼やんちゃエースへ。わがドラゴンズのキャラクター、立ってます！

沖縄キャンプでのオフショット。大野投手（左）、浅尾投手（右）にはさまれて

7/80

パニックはだめよ
杉山翔大

ドラフト3位指名を受けプロの世界に飛び込んだ東京六大学の三冠王は、苦しんで苦しんで、2015年・3年目に飛躍しました。シーズン1軍初出場でプロ初ホームラン、終わってみればチームの誰よりも先発マスクを被っていました。ドラゴンズの杉様こと、杉山翔大選手です。

グラウンドではポジション柄かあまり笑顔は見せず冷静な杉山選手ですが、一歩グラウンドを離れれば可愛らしい一面を見せてくれます。ひとつは、少し歳の離れた2人の弟をとても大切にする良きお兄ちゃん。Facebookには兄弟3人で仲良く映る写真が載せられています。その兄弟の存在が、何よりもプロの世界で頑張ろうと思えるパワーなんだとか。そしてもうひとつの一面が、アニメ「クレヨンしんちゃん」が大好きだということ。これも弟の影響が大きいそうですが、時には一緒に見たり、また最近では1人でDVDを借りて来て見ることもあるんだとか。確かにクレヨンしんちゃんの映画版は、大人でも好きだという方は多いです。

江田　亮

それでもやはり、杉山選手がクレヨンしんちゃん好きというのが少し意外。プロ野球選手のイメージとのギャップが妙に可愛らしかったものですから「せっかくだから打席の登場曲にクレヨンしんちゃんのテーマを使ったらどうかな！」と提案してみたことがありました。最近では山井大介投手がウルトラセブンの曲だったり、和田一浩選手もアニメ・ワンピースの主題歌を使ったりと、珍しいことではなかったですし、何よりお客さんが覚えてくれるんじゃないかと思って。彼自身、過去に他の人にも同じことを言われたことがあったらしく、「いいかも！ 来年はこれでいくか！」と一瞬２人で盛り上がりましたが、熟慮の末に不採用。それもそのはず、サビの歌詞は、

「〜パニックパニックパニックパニックみんなが慌ててる〜」

確かにキャッチャーが「パニック」で「慌ててたら」そりゃシャレにならない、ですね（笑）

8
80

痛み

若狭敬一

イップス。それは精神的な原因などでスポーツの動作に支障をきたし、自分の思い通りのプレーができなくなる運動障害のことです。もともとはパッティングに苦しむゴルファーのための言葉だったそうですが、野球界でも送球難の選手などに使われます。

桂依央利捕手。彼もイップスで悩んだ選手の一人です。大阪商業大からドラフト3位で入団。強肩とシュアな打撃が持ち味でした。

２０１４年、新人ながら1軍キャンプに抜擢された桂選手は、北谷球場でいきなり谷繁元信監督兼選手とキャッチボールをしました。私も目の前でその様子を見ていましたが、緊張のあまり、時々ふらついてしまう場面がありました。

それからです。多くのファンやマスコミに注目されるなか、思うようにボールが投げられなくなりました。ブルペンで投球を受けた後も、ピッチャーに真っすぐ返球できません。シートバッティングでも送球が大きくそれて、スタンドのファンがどよめくシーンがありました。桂選手はキャンプ中盤で2軍に降格します。その後もイップスの症状は重くなる一方。3月の教育リーグでもウエスタンリーグが始まっても、治る気配はありませんでした。

「春先にナゴヤ球場で三者会談が行われたんです」。そう打ち明けてくれたのは、前田章弘ブルペン捕手です。「桂本人、佐伯2軍監督、そして、落合GMです。桂のイップスを何とかしようと」。一般的にイップスは一度かかると克服しにくいと言われています。「とにかく狭い所で投げろ。ナゴヤ球場のブルペンのキャッチャーボックスからマウンドへ繰り返し投げるんだ。その時、左打席と右打席にネットを置いて、狭い空間を作れ」。春先に始まったイップス克服プロジェクト。その処方箋を書いたのは落合博満GMでした。

佐伯貴弘監督はあえて桂選手を全体練習に参加させ、試合にも出場させせました。当然、最初はまともに投手にボールが返せません。スタンドのファンからは失笑がこぼれます。逃げずに受け止める。佐伯監督は厳しい道を選択したのです。

全体練習が終わった後、桂選手は室内練習場へ向かいます。「もう毎日ですよ。だいたい1箱（400球）ですね。多い時は2、3箱投げました」と、前田ブルペン捕手。桂選手の孤独な練習、いや戦いに付き合ったのは彼でした。「はじめはネットに当たってばかりでした。でも、黙々と投げ続けましたよ」。二人三脚は2カ月続きました。「だんだん真っすぐ投げられるようになってきたころ、佐伯監督からの発案でもっと狭い所で投げようということになったんです」。二人は、ブルペンとバッティング練習場の間のスペースでキャッチボールを始めました。「幅は1メートルあるかないかですね。めっちゃ狭いですよ。しかも、鉄骨の柱があるのでそれに当たるんです。で、跳ね返ったボールが体にバンバン」と前田ブルペン捕手は笑います。防具をつけてキャッチボールをしていたものの、体はあざだらけになったそうです。「僕の体の傷なんて、桂の心の傷に比べたら大したことないですよ」。

前田ブルペン捕手は、2014年に2軍のバッテリーコーチに就任。翌年からブルペン捕手になりました。「僕は実績もないのにコーチをさせてもらいました。その時に誓ったんです。高度な技術は教えられないかもしれない。けど、選手の練習にはとことん付き合おうって」。

二人三脚はさらに1カ月続きました。そして、プロジェクトが始まって3カ月が過ぎたころ、桂選手は投手にまっすぐボールを返せ

桂捕手と前田ブルペン捕手が、実際にキャッチボールをしたスペース　撮影：若狭敬一

るようになっていました。

2015年4月21日、ナゴヤドームの中日―ヤクルト4回戦。桂選手はプロ初出場初スタメンで大きな仕事をやってのけます。第2打席でプロ初ヒットとなるホームランをレフトスタンドへ。守っては先発・大野雄大投手とバッテリーを組み、チームの勝利に貢献しました。「前田さんには本当に感謝しています」。

後日、私はナゴヤ球場へ行きました。「ものすごく嬉しかったですね」と満面の笑みの前田ブルペン捕手。「自分で克服して、自分で結果を出したんです。すごいですよ。確かに桂は不器用だけど、続ける力があるんです」とたたえました。「それにしてもよく最後まで練習に付き合いましたね」と私が尋ねると、前田ブルペン捕手は笑顔で答えてくれました。「実は僕もイップスだったんです。高2でなりました。イップスはなった人じゃないと、その苦しみは分からないと思います」。

人の痛みが分かる男が、今日もドラゴンズを支えています。

9
80

愛されキャプテン平田良介
侍ジャパンでの雄姿

宮部和裕

「お前の魅力は何だ！　コツコツとヒットを重ねることも大切だけど、俺らにはできないロングヒットやろ！」

北陸金沢遠征の夜、大島洋平先輩が平田良介選手に叫んだ言葉。私が同席していることも忘れ、脂の乗ったノドグロをつまみながら、思わず語気を強めました。

11年前の高校生ドラフト会議で、わがドラゴンズは、夏の甲子園を沸かせた大阪桐蔭高のスラッガーを単独一位指名しました。直前のスカウト会議で、当時の西川球団社長から、「打てて走れる野手を獲ってほしい。平田を落合二世にしてくれ！」と厳命された当時の落合監督は、「いえ社長、落合博満以上の打者にします！」と答えたそうです。

その逸材のインパクトは年々スケールアップ。２００７年日本シリーズ、あのノーヒットノーランリレー試合で、ダルビッシュ投手から唯一の打点を挙げ、日本一に大貢献するなど、ドラファンに強烈な勝負強さを魅せてくれました。

ただ本人は、度重なるケガもあり、自身のスタイルを模索する日々が続いていました。驚くことに、平田選手自身が一流のプロとしてやっていけるかもしれないという自信を得たのは、規定打席数に達したこの2年ほどだと語ります。

時をさかのぼれば、あの2年前の初夏、冒頭の北陸遠征での大島先輩の言葉が大きな転機だったともいえます。その翌日の石川県立野球場でのナイター中継。実況席の私は、解説の牛島和彦さんの偶然とは思えないコメント内容にしびれました。

「繋ぎの4番打者か、長打の4番か。それは自分が決めるのではなく、相手投手が勝手に嫌がってくれればいいこと」

まさに、現在の平田選手は、12球団の投手が意識する強打者になりました。

今季からはキャプテンとして、胸にCマークを付けて戦います。「練習から明るくワイワイやりながら、勝つ！」。新しいドラゴンズの姿を求めて。ここにも、彼の人間性が溢れています。この男の周りには、仲間が集まります。

その延長で、侍JAPANでの活躍も期待されます。先日の沖縄北谷キャンプ、視察した小久保代表監督の「12球団の右の外野手で一番手と考えている」とのコメントを本人に伝えた時の満面の笑み。当時の落合監督が、「オレ以上にする！」と語った逸材。かつて12年前の監督就任会見での、「日本人の右の4番打者育成」の有言実行が、いよいよ成されようとしています。

10
80

怪物はこれから目覚める　福田永将

福田永将選手のフリーバッティングを見るたびに、天性のホームランアーティストなのだと惚れ惚れさせられます。私が初めて彼のホームランを見た、厳密に言うと「打たれた」小学生のときから変わらない物凄い打球です。

私と同じ20歳代半ばで野球をやっていた者にとっては、「福田永将」といえばその名を知らぬものはいない、まさに怪物でした。

私が初めて彼に出会ったのは小学5年生の頃です。一つ上の6年生で相手チームのキャプテンを務めていた彼は、その頃すでに背丈が１７５センチほどあり、小学生のチームに大人が一人混ざっているような状態でした。超小学生級というより、もはや反則です。そして忘れもしない彼との対戦成績は3打数2本塁打。うち1本は90メートルあるレフトのフェンスの上に持っていかれました。小学生でしかも軟式ボールで１００メートル飛ばされるなんて…。当時の私の僅かなプライドを木っ端微塵にしてくれたので

江田　亮

すが、今となっては打たれたことすら自慢に思えます。

「そのときが僕のピークでしたね」と冗談めかして福田選手は話してくれますが、中学になっても、やれ全国大会で4ホーマー打ったとか、すでにメジャーのスカウトが目をつけているらしいとか、意識しなくともその名前がいつも耳に入ってきました。高校に入れば、天下の横浜高校で1年生からレギュラー。高校でも一度県大会で戦ったことがありますが、もはやそこに高校生らしさなどは欠片もありませんでした。だからこそ最初プロでなかなか結果が出ない彼の姿に、それほどまでにプロの壁は高いんだ、と思い知らされました。しかしプロ入りまでの彼を見ていた野球小僧はみんな思っているんです。「福田永将はこんなもんじゃない、なんてったって88年世代最強打者なんだから」。

２０１５年の活躍はまだ序章です。サクセスストーリーの表紙がやっと開かれたに過ぎないと、私は思います。福田選手から絶対に目を離さないでくださいね。

11
80

レストラン赤坂

若狭敬一

「好きな食べ物ですか？　カニとホタテです」。そう笑顔で答えてくれたのは、赤坂和幸選手です。赤坂選手は、２００７年の高校生ドラフト１位でドラゴンズに入団。私はドラフト当日、浦和学院高へ取材に行きました。制服姿の赤坂選手が「ピッチャーとして勝負したいです。対戦したいのは巨人の高橋由伸選手です」と初々しい表情で語ってくれたのを、今でも覚えています。

１軍デビューは、ルーキーイヤーの２００８年６月１日。西武ドームの西武―中日戦でした。リリーフで登板し、１イニングを無失点。上々のデビューでした。しかし、その後は苦しみます。投手として結果を出すことができず、野手転向。２０１１年からは育成契約となりました。

転機は２０１４年７月。ナゴヤドームに呼ばれると、落合ＧＭから、「支配下選手にする」と告げられました。「めちゃくちゃ嬉しかったです」。赤坂選手はその足で、当時お付き合いしていた女性のもとへ。「結婚して下さい」。まさに新たな人生のスタートの日になりました。「彼女は僕以上に活躍すれば喜んでくれるし、打てなかったら悔しがってくれます。最初は野球のルールなんて全然知らない人だったんですけどね」と笑います。

将来の伴侶を得てスタートした2015年のシーズン。開幕は2軍でした。しかし、赤坂選手は一心不乱にバットを振り続け、チャンスを待ちます。そして、ついにその時が来ました。

「1軍と言われた時は嬉しかったんですけど、急に緊張してきて…」と赤坂選手。無理もありません。1軍自体が7年ぶり。しかも、今度は打者として勝負しなければなりません。もし結果が出なければ、またすぐ2軍へ逆戻り。打者になった。支配下になった。結婚もした。人生が大きく変わっているのを実感すればするほど、体が硬くなってきたそうです。

「なに緊張しているんだよ」。声をかけてくれたのは英智コーチでした。「お前に期待している人なんか誰もいないんだから、思い切ってやってこい」。捉え方によっては、傷つく言葉です。しかし、赤坂選手は「あれでものすごく楽になりました」と感謝しています。「勝手に期待されていると思って、勝手に緊張しちゃっていました。どのみち、なるようにしかならない。自分らしくボールに食らいついて行こうと思えました」。

7月11日、ナゴヤドームの中日・広島12回戦。この日1軍登録された赤坂選手は、代打で起用されます。相手は広島先発のジョンソン投手。2ストライクからの3球目でした。まさに食らいつくようにスイングすると、打球はセンターの前にポトリ。プロ初打席初ヒットです。万雷の拍手が背番号69に送られました。

後日、私はナゴヤ球場へ行きました。英智コーチに、あの言葉の真意を確かめるためです。なぜ、

1軍に上がろうとする赤坂選手に、「期待している人なんていない」と言ったのでしょうか？するど、英智コーチは「レストラン吉見と、レストラン赤坂の違いです」と、独特の表現で応えてくれました。「はい?」。英智コーチが続けます。「吉見には実績があるでしょ。しかも、抜群のコントロールで、打者を牛耳るスタイルまでみんな知っている。つまり、レストラン吉見は美味しいのが分かっている。どんな料理かも、みんな知っている。食べたら、うんうん、この味ってみんななるんです。だから、休業していたレストラン吉見がオープンするとなると、期待されるんです。期待されるから緊張する。いわば、緊張する資格があるんです。でも、レストラン赤坂は違う。美味しいかどうかも分からない。和食か洋食かも知らない。だから、いいんですよ。打てようが打てまいが。どんなスイングをしようが。実績ゼロですから。誰も知らないから、誰も期待しようがない。だから、緊張する必要がない。する資格もない。だったら、思い切って2軍でやってきたことをやってこい、ってことです」。

赤坂選手は、その後も食らいついて行きました。7月20日の広島戦では、初スタメンで初の猛打賞。代打でも勝負強さを見せ、何度もチームの勝利に貢献しました。徐々にレストラン赤坂の味が、ドラゴンズファンの間に知れ渡っていったのです。「奥さん、プロ初ヒットの夜は相当喜んでいたんじゃないですか?」。「はい。やはり自分以上に喜んでくれました」と、笑顔の赤坂選手。打者として第1歩を踏み出したあの日、ナゴヤドームから帰宅して食卓を見ると、そこにはカニとホタテの刺身が用意されていました。赤坂家というレストランでは、夫を支える奥様が腕を振るっています。

12
80

出すぎた杭は打たれない
井領雅貴

江田　亮

誰もが一度は夢見るプロ野球選手。私も小学生から野球を始め、恥ずかしながら高校に入学するまでは持っていた夢です。もちろん誰もが叶えられるものではありませんし、多くの人が、遅かれ早かれどこかで諦める。私が夢を諦めた大きなキッカケは同級生、高校時代のチームメイト・井領雅貴選手との出会いでした。

私と彼が3年間をすごした桐蔭学園高校は、最近こそ甲子園に出てはいませんが、プロ顔負けの施設を揃え、全国から野球の腕に自信を持った生徒が集まる強豪私立高校。巨人の高橋由伸監督やドラゴンズOBで言えば関川浩一さんなど、私にとっては先輩と呼ぶのも憚られるような、多くのプロ選手を輩出している名門野球部です。

入学したばかりの頃は、私も少しは野球の腕に自信を持っていたものですが、周りの生徒も中学ではそれぞれチームのエース、４番ばかり。その中で突出していたのが、井領選手でした。

当時から彼も私も、背丈は１７０センチ半ばでそれほど変わらなかったのですが、彼は高校1年生で投げれば遠投１２０メートル、マウンドに上がればピッチャーでもないのに１４０キロは出る。走れば5秒台、1年生はなかなか参加させてもらえないフリーバッティングに一人上級生とともに参加し、ピンポン玉のようにボールを場外へ運んでいく。あまりの力の差で「なるほど、プロ野球とはこういう人たちが行く世界か」とあっさり自分の夢に諦めがつくほどでした。

ただ、彼のすごさというのは身体能力や野球センスに留まりません。圧倒的なスケール、人としての振れ幅の大きさとでも言うのでしょうか、器の大きさを感じさせるエピソードがあるのです。1学年１５００人という超マンモス校の桐蔭学園では、体力、学力テストが年に1度行われ、その順位がそれぞれ発表されるようになっています。まず彼は、その体力テストで学年全体総合1位という結果を出してみせます。言葉では凄さが伝わり切らないかもしれませんが、桐蔭学園は野球に限らず、サッカーやラグビー、陸上に柔道など、各部に全国トップレベルで体力自慢の生徒が集められています。その中で１５００人のトップに立つということはもの凄いことで、私には何度生まれ変わってもできそうにありません。また同級生に、千葉ロッテで現在活躍する鈴木大地選手もいましたが、彼でさえ順位は一桁でなかったと記憶しています。

しかし、井領選手のスケールの大きさを伝えるのはこの体力テストの話だけでは不十分で、もう一方の学力テストの話をしなければなりません。彼は同じ年の学力テストで、今度は全体の下から数えて1位（つまり1500番目）という離れ業をやってのけたのです！　確かに彼は勉強は得意な方ではありませんでしたが、私が言いたいのはそういうことではありません。彼のことを頭が悪いとは思ったことは一度もありません。それは取材をしていつも感じていますし、野球はそのような人にできるスポーツではないからです。

この学力テストの下から1位が表しているのは、彼の信条「何ごとも中途半端はいかん！」を実行する気持ちの強さです。つまり、やるときは無類の力を存分に発揮し、やらないときは「誰よりもやらない」のです！　やらないという選択は本当に勇気がいります。私のような小物はそこそこの勉強をして、当たり障りのない順位を取るのです。もちろん順位は監督も目にするので、悪ければ怒られるわけですから。ただ、私は彼から教わりました。「出過ぎた杭は打たれない、悪すぎた点でも振り切ってしまえば怒られない！」ということを、です。良い悪いは別にして、どちらも1位となるとおそらく桐蔭学園の歴史上、彼しかいない。となれば、もう監督も笑うしかありませんでした。

さて今度はプロの世界でどんな振れ幅を、逸話を残してくれるんでしょう。同級生として、いちファンとして、私は井領選手の活躍を心から期待してやみません。

13
80

遠藤一星エピソード　その❶

入団拒否事件 ホントのところ

江田　亮

彼がグラウンドに現れると、黄色い歓声が上がる。女性がカメラ片手に、少しでも近くで捉えようとネット際に集まる。野球をやってよし、ルックスよし。「天は二物を与えず」という言葉など全く信用できないと感じさせるドラゴンズの新星、遠藤一星選手。ショートの穴を埋められる大型内野手で、ドラゴンズファンはニュースターの登場に喜び、そしてこれからの活躍を心から期待していると思います。

さてそんな遠藤選手ですが、思い返してみると２０１４年のドラフト後、スポーツ新聞の紙面で「遠藤中日入団拒否!?」「交渉難航!?」という記事で話題になったのを覚えていらっしゃるでしょうか。年齢的に26歳と若くない入団で、かつドラフト7位という下位指名。さらになかなか仮契約を結ばず、テレビ出演も一切なかったため、「社会人チームの選手が下位指名で渋っている」。「契約金を釣り上げたいのか」という勝手な憶測が飛び交いました。

本当のところは一体どうだったのか、気になっていた私はまだ春のキャンプも始まっていなかったころ、遠藤選手に聞いたことがあるんです。

「指名されて、もう行く気満々だったよ！むしろ、次の日から寮の荷物片付けはじめてたくらい！」というのが本音。ドラフト会議直後、当時の社会人日本代表で一緒だった井領雅貴選手と、同じ球団に入団することを電話で喜び合っていたそうです。

ではなぜこういった報道が出てしまったのかといえば、そこには社会人野球にある「暗黙のルール・お世話になった社会人チームへの礼儀」がありました。たとえ本人が行く気満々でも、最終的に入団するとしても「行きます！お世話になります！」と簡単に言うのはいかがなものか、軽率な発言は控えるべきである、というものなのだそうです。全く知りませんでした。

もちろん社会人チームそれぞれの方針によって、厳しさは異なるようです。発言に気をつけなさい、テレビ出演も控えなさい、という方針を徹底していたのが所属チームでした。言うなれば遠藤選手はしっかりその方針を守った、それだけの話なんです。

そんな報道があっても、おくびにも出さなかった遠藤選手の姿にまた格好良さを感じてしまうのですが、実はもう一つだけ、この報道にはエピソードがあるんです。

企業チームに所属する社会人野球選手。指名後も、いろいろなところに配慮して発言や振る舞いに気を使うということは理解できました。ならば、他の社会人選手も多かれ少なかれ同じはず。では、どうして遠藤選手だけがネガティブに取り上げられてしまったのか、という疑問が残ります。それには一緒にプロ入りの喜びを分かち合った井領選手のうっかり発言が関係していました。

社会人で苦節7年、やっと指名を受けた井領選手は喜びのあまり記者会見で「中日ドラゴンズに行っても…」と入団に前向きどころか、入団宣言ともとれる発言をしてしまったんです。慌てて同席していた関係者が「本人はもうほぼ入団決定のような発言をしておりますが…」とフォローを入れる一幕もありましたが、この発言によって「他の社会人選手は前向きな姿勢を示しているのに、遠藤はやはり渋っているようだ」という構図が鮮明に浮かび上がってしまったんですね。

「井領のせいでドラゴンズに入れないいんじゃないかと思った（笑）」と、明るく振り返る遠藤選手。その記者会見後、井領選手が監督にこっぴどく怒られていたというのは、ここだけの話です。

遠藤一星エピソード　その❷

現代っ子ルーキー？

プロ入団1年目、ルーキーイヤーではたくさんの選手がプロの壁にぶつかり、苦労をします。レベルの高さ、競う相手の多さ、ぶつかる壁は人それぞれですが、ちょっと他の選手とは違う苦労をしたのが遠藤一星選手。

ルーキーの選手がまずやらなければならないことが、「チームの監督、コーチ、先輩選手の顔と名前をしっかり覚える」ことです。入団して〝チームメイトを、ましてや先輩を知りませんでした〟ではあまりにも失礼です。言われるのではなく、覚えていくのが常識というもの。とは言っても小さい時からプロに憧れて、ナイター中継にかじりつく習慣がある、いわゆる野球小僧ばかりが集まるこの世界ですから、2015年入団のルーキーにとってもそこまでハードルが高い宿題ではないはずでした。ただ1人、遠藤選手を除いては、です…。

実は「野球よりも、サッカーの方が好き」と話す遠藤選手。ヨーロッパチャンピオンズリーグはよく見るけど、ナイター中継なんてほとんど見たことがない。欧州のサッカー選手は大抵わかるけど、プロ野球選手はほとんどわからない。まさに「らしくない選手」でありました。

びっくりしたのは、2015年のドラゴンズ開幕戦の相手、阪神の先発メッセンジャーに関してですら、「外国人だということはわかる」というレベルの理解だったということです。普通にテレビのスポーツニュースを、なんとなく追ってるだけでもわかりそうなものを、この人は逆にすごいな！こんな人もいるんだな！と妙な感銘を受けたことを思い出します。

シーズン中も、他球団に母校出身の先輩がいれば挨拶に行かなければならないため、予習が欠かせず選手名鑑が手放せなかったという遠藤選手。考えてみれば、娯楽が野球だけでなくなった今ならではの、「現代っ子ルーキー」と言えるのかもしれませんね。

Ⅱ 主力・OB篇

14
80

レジェンド山本昌投手の原点

1988（昭和63）年、星野仙一監督2年目のシーズンに、中日は十数年ぶりの海外キャンプを行いました。場所はアメリカ・フロリダ州のベロビーチ。当時ベロビーチのドジャータウンは、LAドジャースとの友好関係から巨人がしばしば使っていた場所で、その牙城に割って入ったのが、星野ドラゴンズでした。

そして総勢49人によるベロビーチキャンプ終了直前、5人の若者がそのまま「留学」という形でアメリカに残されることになりました。「今年の星野ドラゴンズにお前たちはいらないよ」と宣告されたに等しく、落胆を隠しきれなかった5人ですが、それぞれアメリカ各地に分かれる事になりました。西海岸カナダとの国境近くの1A・セーラムドジャースには藤王康晴選手と前原博之選手が、フロリダ半島西側のルーキーリーグ・サラソタドジャースには神山一義選手が、そしてそのまま1A・ベロビーチドジャースの一員となったのが西村英嗣投手と山本昌広投手でした。

久野　誠

くの・まこと／1952年12月19日生　三重県津市出身　三重県立津高校→早稲田大学　1975年入社
担当番組：TV『おはよう720』『テレビ列島』『テレビ新鮮組』『ぱろぱろエブリデイ』『サンデードラゴンズ』ほか　ラジオ『オーサンデー』『バイバイクイズ』『プレーボールまで待てない』『ビバ！ドラゴンズ』『スポーツ探偵団』『ドラゴンズワールド』『ドラ魂KING』ほか　趣味：ピアノ、料理、スーパーの買い物この2人は公式戦開幕から大活躍、一方日本ではチームの活性化をはかる星野監督が若手を積極的に起用し、きのうまで2軍にくすぶっていた選手が、今日は中日スポーツの一面にその名前が踊るといった現象が起きていました。日本でレギュラーをめざす若者と、アメリカでスキルアップをはかる若者を対比した特番はこんな背景から生まれました。タイトルは『海をへだてたライバル達』。太平洋を挟んで、明日のスターを夢見る若竜の姿を紹介したのです。

7月初めに取材のため渡米した私たちが最初に訪れたセーラムでは、藤王、前原両選手がなかなか出番を与えられず、もがき苦しんでいました。サラソタの神山選手は結果を出していたものの、ルーキーリーグであることに物足りなさを感じているようでした。そしてベロビーチの2人、西村、山本両投手。彼らとのアメリカでの最初の出会いは衝撃でした。遠征先のホテルで、世話役のアイク生原氏と一緒にこの2人が近くのレストランにいると聞きつけたわれわれクルーは、アポなしのサプライズで食事中の3人を急襲。マイクを突き出し「食事どう?」と聞く私に、山本投手は「いやーアメリカの食事おいしいですよ」と笑顔で即答。山本投手は、この国の生活に適応している―そんなアメリカでの彼の第一印象でした。

実はベロビーチドジャースでは、最初は西村投手がローテを守り、山本投手は中継ぎの投手でした。しかし好投を続ける中で先発に転向、われわれが行った7月にはまさに評価がウナギ登り、という時期でした。アイク生原さんから徹底的に野球の基本を学び、カーブを教えられ、さらに2Aから落ちてきたメキシコの選手とのキャッチボールから学んだスクリューを身につけることによって白星を重ねていったのです。

しかし山本投手がアメリカで学んだことは、単に野球技術だけではありませんでした。月五百ドルで一戸建ての家に住む二人には、ドラゴンズから潤沢な生活費が支給されていました。一方チームメイト達は、年収百万円程度の給料でギリギリの日々を送る者ばかり。

アメリカではメジャーリーグを「ステーキリーグ」、マイナーリーグを「ハンバーガーリーグ」と言いますが、2人の日本人選手とチームメイトとの違いは、そのハンバーガーショップで見られました。ハンバーガー2個にポテトを加え、コーラを飲んでお腹を満たす日本人に対し、ハンバーガーは1個だけ、飲み物は無料の水で喉を潤す1Aのチームメイト。たまりかねて山本投手たちがおごってあげたことも、しばしばあったようです。そういえば、われわれの見たマイナーの選手たちは、折れたバットにテーピングをして素振りを行ったり、市販のバットを何とか自分に合うようグリップを自らけずっていたり、よれよれのスパイクを履いていたり、しかしそれでいて、いざ試合が始まると彼らは非常にアグレッシブなプレーを見せるのです。まるで監督に対し、「こんなことができる俺を早く上へ上げろ！」とアピールしているかのように。

メジャーのトップクラスの選手の年俸は30億円前後、かたや山本投手たちのチームメイトは百万円前後、ともに『アメリカのプロ野球選手』なのですが、その大きな格差がアメリカンドリームを生み、明日のメジャーリーガーを夢見る若者の激しいパフォーマンスとなっていくのです。薄給ながら普段は底抜けに明るく心から野球を愛し楽しんでいるその一方で、いざプレーボールがかかれば強い上昇志向の下、猛烈なアピールをくり返す彼らの姿が、その後の山本投手に大きな影響を与えたことは間違いありません。

プロ入り4年間で1軍登板わずかに4試合防御率19・31。そんな投手が四半世紀後「レジェンド」と呼ばれる大投手になりました。32年間にわたる現役生活の中で苦しい時、山本投手は『海をへだてたライバルたち』のビデオをたびたび観たと言っています。

プロ野球人 山本昌広の原点は、間違いなくアメリカ・ベロビーチにありました。

15
80

30代半ばで引退を口にしていた山本昌

50歳でついに引退した山本昌さん。彼が入団した年に、私はＣＢＣに入社しました。彼が活躍し始めた頃から私も本格的に実況を始めたので、親近感を持っていました。彼は決してエリート街道を歩んできたわけではなかったので、話しぶりはいつも謙虚でした。どちらかというと、自信がないのではないか、と思うほどでした。

キャンプではよく取材しました。あれは彼が30代半ば頃のキャンプでのこと。いつものように朝の体操があり、そのあと少し歩いてから朝食をとるのですが、なぜか彼は浮かない表情でした。

「どうしたの?」と聞くと、「いやあ、もう僕も歳だし、そろそろ引退が近いように思うんですよね」と言うのです。当時は40歳くらいが選手としての限界と思われていたので、そう言ってもおかしくない年齢に差し掛かっていました。

「そんなこと言わずに頑張ってよ」と返しましたが、「いやあ、若手がどんどん出てきて、もう俺な

塩見啓一

しおみ・けいいち／1959年10月3日生　京都府福知山市出身　福知山高校→同志社大学　1984年入社
担当したスポーツ：野球・ボクシング・ラグビー・ゴルフ・競馬など。87年からラジオの野球実況を担当
趣味：ケーキ作り

んかコーチと若手の間を取り持つ中間管理職みたいなもんですよ。もう終わりも近いなあ」と、年寄りじみたことを言います。だんだん私もその言葉を真に受けて、そろそろ引退を考えているのかなあ、と思ったものでした。

ところが、40歳近くなってから、がぜん元気になっていきました。おそらく鳥取でやっていたトレーニングで、自分の体に自信を持つようになったのでしょう。引退をにおわすような言葉はまったくなくなりました。

彼が30代半ばで口にした「引退」が本気だったかどうか。まったくわかりませんが、当時の球界の常識に従っていたら、40歳を過ぎてからの活躍はなかったでしょう。２歳年長で40歳を過ぎても一線で活躍した工藤公康（現・ソフトバンク監督）の存在も大きかったと思いますが、何より若い頃と同じスタイルを続けられたことが、その要因だったのではないでしょうか。

16/80

投手王国の系譜　山本昌

90年代から約20年間、ドラゴンズは投手王国と言われてきた。その間常時、名ストッパーがいたことが大きいが、山本昌の存在を忘れるわけにはいかない。

03年から長く投手コーチを務める近藤真市は、「ドラゴンズの投手の練習はキャッチボールを丁寧にやる。これは山本さんの影響ですよ」と証言する。40m以上離れた距離でのキャッチボールは「短い距離では分からない球筋の欠点や、回転の良し悪し」がはっきりする。同じ練習を飽きることなく続ける。その日の自分を知ることが山本昌のルーティンだった。

だが、準備の知識や打者を打ち取る技術は、最初から山本昌が身に付けていたものばかりではなかった。ドラゴンズの歴史の一部から生まれたもの、とも言える。

山本昌が挙げた勝利のうち、最も多くコンビを組んだキャッチャーが1学年下の中村武志だ。中村も山本昌の練習姿勢には頭が下がると言う。「計画を立てて継続する力は世界一。走る量、

伊藤敦基

いとう・あつき／1968年1月16日生　埼玉県出身　埼玉県立蕨高校→早稲田大学　1990年入社
担当番組：TV『サンデードラゴンズ』　ラジオ：『電波ファイター』『土曜の味方』『夕刊アツキー！』
趣味：ゴルフ、読書

投げる技術、誰でも1日や2日なら真似できるが何十年もなんて。でなきゃ32年もプロ野球の投手は出来ない」。吉野山の桜も富士山の絶景も、近くに住んで毎日見ていたら凄いとは思わない。山本昌の偉大さは継続力。身近で見ていると気づきにくいが、積み重ねた時間が雄弁に物語っている。

アメリカから帰国したころの山本昌はスクリューボールに絶対の自信を持っていた。右打者の外角に落ちる変化球は面白いようにアウトを稼いだ。だが相手もプロだ。何度も見れば見極められる。試合では一人の打者と3～4度対戦する。まだ若かった二人は同じパターンを続けて、勝負どころの7回や8回に大怪我をした。

山本昌や中村の先輩に杉本正というサウスポーがいた。85年に西武から移籍してきた杉本は、剛速球はなかったがコントロールが身上の投手。試合中「アウトコースにだけミットを構えておけ。全部そこに投げるから」と中村に命じ、スライダーを駆使してストライクとボールを投げ分けたという。右打者の外角のボールゾーンからストライクゾーンに曲げるスライダーを、杉本は得意にしていた。少ない球種で生き残っている理由はそこにあった。中村はこれを山本昌にも使った。試合の前半は外角のストレートとスライダー、勝負所の終盤は外角にスクリューを配した。右打者には「自分の方に曲がってくる」軌道が頭に残っている中、逆に外へ沈むのだから堪らない。こうして山本昌は貯金のできる投手に育っていく。

小松辰雄、杉本、西本聖らベテラン投手が若いキャッチャーを育て、得たものは次の世代に受け継がれていった。

中村は杉本から「投手の考え方」も教わった。遠征先で試合が終わると杉本の部屋に行って話を聞いた。もちろん配球に王道はないし、先輩投手がいつも正しいとは限らない。「でもいくらキャッチャーがいいサインを出しても、投手が納得して投げなかったら打たれてしまう。そうなればリードが悪かったとなる世界」。中村は、投手の考え方を把握しておくことが、自分が生き残るためにも必要なことだと悟った。

「投手はストライクを投げたがる。どんな時も打たれたくないと考える。捕手はボールになる球を要求したがる。点差があれば、打たれたって構わないと考える」

中村がベテラン投手たちと話し合って得た結論だ。次第にサインに首を振られることも減ってきて「タケシのリードのおかげで勝てた」と言われるようになった。

中村は山本昌とも気脈を通じていった。

「山本さんはコントロールが抜群だった。だから絶対の自信がないと、新しい球種やコースには投げたがらなかった」。

カーブや右打者の内角ストレート、左打者の内角スクリュー。いずれも山本昌が得意としていた球種・コースだが、投げるようになるまでには時間がかかったと中村は言う。

「カーブを原さん（巨人軍前監督・原辰徳）に8球続けて、全部ファールになったことがあった。これは使えると思った。でも投手はバットに当てられることを嫌がる。『ボールになってもいいから投げましょう』と。あえてボールになるカーブを投げたら打者が空振り。ボールがストライクになった」

山本昌がボール球を振らせる場面はその後何度も見られた。ストレート、スライダー、スクリューに加えてカーブ。球種が増えると、真ん中のストレートに手が出ない打者が出てきた。１４０キロに満たない球速なのに。

進化を遂げた山本昌は、93、94年、さらに97年と3度最多勝に輝いた。アメリカ留学で出会った恩師・アイク生原さんに見出されたことは紛れもない事実。アイクさんが見つけて磨いた原石を光輝かせ続けたのは一体誰か…。山本昌はいくつもの縁と情に支えられてきたと言う。

「二度と送れない、世界で一番幸せな野球人生を送れた」

「他のチームだったら間違いなくここまでできなかったと思う」

引退会見で32年間を振り返った言葉だ。

辞める直前まで投球スタイルを突き詰めた結果、クビ同然だった投手は最年長勝利記録を更新するまでになった。有形無形の財産がドラゴンズに存在したから、投手王国の系譜ができた。杉本のスライダーから山本昌の投球の幅が広がったように、山本昌が残した丁寧なキャッチボールから生まれるものもある。投手王国と再び呼ばれる日が、きっと来る。

17
80

レジェンドが残したもの 山本昌

若狭敬一

去年、ついに球界のレジェンドが引退しました。数々の最年長記録を達成した山本昌投手が、32年間という長いプロ野球生活にピリオドを打ったのです。

山本昌投手が残したものは、記録だけはありません。的確なアドバイスによって救われた後輩は数多く、現役選手の技術向上に大きな影響を及ぼしていたのです。

「フォームがぐしゃぐしゃでストライクが全然入らなかったころ、昌さんとキャッチボールをさせて頂いたことがありました」と語るのは、岡田俊哉投手です。智弁和歌山高校からドラフト1位で入団したものの、プロ入り後の3年間は1軍登板ゼロ。課題は制球難でした。

キャッチボールが終わった後、山本昌投手は岡田投手に1つだけアドバイスしたそうです。「投げる時にグラブを前に出すよな。左投げだから、右手にはめたグラブと右肩でラインが出来るだろ」。「はい、出来ます」。「そうしたら、投げる時にその右手で作ったラインの上に左手を持って来るんだ。つまり、右手と左手を入れ替える。それだけでコントロールは良くなるはずだよ」と山本昌投手。言われるがまま、岡田投手はそれだけを意識して投げるようにしました。

「びっくりでした。あれっ、て感じでした。それまでコントロールに苦しんでいたのに、思った所にボールは行くし、ヒジが上がって腕は強く振れるし、ボールの回転も良くなりました。まだ2年目くらいでしたから、いろいろ言われても混乱したと思うんです。だから、僕の投げ方を見て、昌さんはあえて一点だけ指摘してくれたんだと思います」。岡田投手は心の底から感謝しています。もちろん今でも、右手と左手の入れ替えを意識して投げています。

山本昌投手は、他にもドラゴンズ選手を救っています。今から15年ほど前、読谷キャンプでの出来事でした。その選手は泣かず飛ばずの高卒野手。「あの年にダメなら確実にクビでした」。オフの間、ひたむきに練習を積み重ね、手ごたえを感じながら臨んだ2軍キャンプ。彼は朝から晩までバットを振り続けていました。

「キャンプ中盤くらいですかね。僕、ブルペンに入ったんですよ。一流の投手のボールを見たくて。今思うと、かなり大胆なことをしたなと思うんですが、昌さんに投球練習を打席に立って見せて下さい、とお願いしたんです。僕も必死でしたから」。すでに最多勝や沢村賞を受賞していた山本昌投手。球界を代表する左腕は、うまくなろうと目をぎらつかせている後輩の望みを快諾しました。

パシン！　パシン！　糸を引くようなボールがミットに収まります。「ありがとうございました！」と、後輩は深々と頭を下げてブルペンを去ろうとしました。その時です！

「おい、構えが良くなってるな。今年、打てるよ」

マウンドで汗をぬぐいながら、大ベテランが笑顔で声をかけてくれたのです。「ものすごく嬉しかったです。特にどこがどう良くなったとか、細かい指摘はなかったですよ。でも、昌さんからそう言われたのが自信になったし、ますます練習しました」。

その年、彼は1軍で111試合に出場し、92安打を放ちます。打率3割3分8厘、4本塁打、12盗塁。一気に頭角を現しました。彼の名は、荒木雅博。

「僕、それまでの5年間でヒットたったの15本ですよ。外野やったり、スイッチやったり。本当にあの6年目で活躍できなかったら、終わっていました。昌さんの一言で救われたんです」。のちにゴールデングラブ賞6回、盗塁王1回。ドラゴンズ黄金時代の1番セカンドとして不動のレギュラーとなった荒木選手。その彼が大きく成長するきっかけになったのは、レジェンドの言葉でした。

記録には残らない無形の遺産。山本昌投手がチームに残したものは、現役選手の技となって今に生きています。

18
80

現役続行か？
○○を触れば分かる男！

テレビ史上・前代未聞のハプニングは、夕方の報道番組「イッポウ」の生放送中に起きた。その歴史的瞬間を目の当たりにした人は、おそらく、こう思ったはずだ。

「初めて見た」。「なぜ？」。「もしかして？　この男たち…」。公共の電波で、一体何が起きたのか？

このハプニングの主役は、ドラゴンズの主軸でもあった中年の星・和田一浩選手。２０００安打達成がかかった２０１５年の新春企画「今年にかける」でのこと。話は当然、目前に迫った大記録がメーン。しかし、そこから話は、なぜこれだけ長く現役でいられるのか？へ移行。それが、ハプニングの発端でした。和田選手が「体のデキは、自分のお尻を触れば分かる」と言い出したのです。現役続行か？引退か？これは、和田選手にとって、２０１５年のもう一つの大きなテーマでもありました。

大石邦彦

おおいし・くにひこ／1970年5月2日生　山形県最上郡最上町出身　山形県立山形東高校→慶応義塾大学
1994年入社　担当番組：TV『イッポウ』（報道番組）キャスター　過去の担当番組：『ミックスパイください』（情報番組）『晴れ！ときどき晴れ』（情報番組）『ユーガッタＣＢＣ』『大石で行こう』（情報・報道番組）
趣味：インテリア、雑貨収集、肉体改造、ショッピングここで、キャスターとしての血が騒ぎました。真相を確かめるべく、「触らねば、お尻を!」。思わず「和田さん、お尻触っていいですか?」と口走ってしまったのです。普通なら断られるだろう依頼ですが、そこはさすが、セパ両リーグを渡り歩いてきた男。懐が深い!生放送中に私がお尻を触ることを、快諾してくれたのです。

やわらかく、ハリのある筋肉。もめば押し返すそのお尻を触った感覚を、今も私の右手が記憶しています…。和田選手に言わせれば、「このお尻がパーン、と張っていないとダメ」らしいのです。そこで、私のお尻も触ってもらいました。40代の男同士が互いに尻を触りあう異様な光景。その筋の方が見たら、興奮する場面であったかもしれませんん…。ちなみに、私の尻を触った和田さんの感想は?「大石さん、しぼんでますよ」。

昨シーズン、引退を決めた和田さん。ナゴヤドームでの引退試合の日、和田さんにインタビューしました。そこで最後に、再び「あのお願い」。和田さんのお尻を触らせてもらいました。そのお尻は、〝パーン〟と張っていました。

「あと3年はできる」。これが、私の「お尻診断」です。

「イッポウ」番組内で引退した和田選手のお尻を触る大石アナウンサー

小笠原道大エピソード　その❶

続ける力

若狭敬一

小笠原道大。去年、孤高のバットマンが引退しました。現役通算２１２０安打。３７８本塁打。両リーグでＭＶＰを受賞するなど輝かしい成績を収めた小笠原選手と言えば、豪快なフルスイングです。勇ましいひげと鋭い眼光も印象的で、近寄りがたい雰囲気を漂わせる勝負強いサムライでした。しかし、引退試合では終始笑顔。涙を見せることなく、さわやかにユニフォームを脱ぎました。

私は現役最後のインタビューを担当しました。ものすごく緊張しましたが、小笠原選手がお立ち台に上がる直前、「チャック、空いてないよね」と白い歯をこぼしながら、私に尋ねてきました。「大丈夫ですよ」と即答。一気に緊張がほぐれたのを覚えています。インタビュー終了後、小笠原選手はナインと握手。涙を見せる後輩がいる中、満面の笑みで握手をする人がいました。上田佳範前コーチです。

「本当にお疲れさま。ゆっくり休んでという思いだった」。後日、上田さんがその時の心境を教えてくれました。「同級生だし、ファイターズで一緒だったから」。ともに１９７３（昭和48）年生まれ。

高校時代は上田さんの方が有名でした。長野の名門・松商学園の４番エースで活躍し、選抜準優勝。

その後、ドラフト1位で日本ハムに入団したヒーローでした。一方、小笠原選手は千葉の暁星国際高校で捕手。甲子園出場はなく、高校時代に放った本塁打はゼロでした。その後、ＮＴＴ関東を経てドラフト3位でファイターズに入団します。

「正直、小笠原はプロではやっていけないと思った」と上田さん。即戦力捕手として入団した小笠原選手でしたが、一足先にプロで結果を出していた上田さんの目にはお世辞にも「いい選手」とは映らなかったようです。「新人だった小笠原のフリーバッティングを見ていた時に、中村豊さんが『ひどいな。全然飛ばないな』って。本当に打球が弱かったんだ」。ズバリ非力。これが入団当初の小笠原選手の印象だったそうです。「スイングも小さくてね。少し背中が丸まっていて、チョコンと当てるだけだった」。今では考えられない姿です。小笠原選手の1年目の成績は44試合に出場し、打率2割2分3厘、本塁打ゼロ。2年目は71試合で打率3割2厘でしたが、本塁打は1本。やはり非力でこじんまりした捕手だったのです。

「上田利治監督には感謝しています。コンバートしてくれたのも上田さん。ずっと我慢して使ってくれたのも上田さんでした」。これは引退表明後、「サンデードラゴンズ」でインタビューした時の小笠原選手の言葉です。小笠原選手は2年目のオフに転機を迎えました。捕手から一塁手へコンバートされたのです。「でもね、ファーストも最初はうまくはなかったのよ」と上田さん。グラウンドでノックが行われると、時々拍手が起きたそうです。「小笠原に拍手よ。彼はキャッチャーだったから、あまりバウンドを合わせる動きをしたことがなかった。いつもポロポロ。だから、小笠原が難しいゴロをさばくと拍手が起きたんだ。おお！　よく捕ったなって。それだけ下手だった」。信じられません。

小笠原選手は後に6回もゴールデングラブ賞を受賞しています。

「コンバートされたオフだよ。秋キャンプも終わった12月。ふらっと鎌ヶ谷球場に行くと、黙々と走っている奴がいるのよ。しかも、両手にダンベルを持ってね」と上田さん。誰もいない外野を走り続けていたのは小笠原選手でした。「ランニングが終わったら、室内でティーバッティング。今でもやっているでしょ。あのマスコットバットにリングをつけて、片手で振るやつ。あれを左手で1時間、右手で1時間。え、まだやるのって。それが終わったら、フリーバッティング。さすがに終わるかなと思ったら、次はウエイトトレーニング。近寄りがたい雰囲気で黙々と。本当にすごかった」。上田さんは「非力な小笠原」が「フルスイングの小笠原」に生まれ変わる瞬間を目の当たりにしていたのです。「毎日だからね。鎌ヶ谷も冬には時々雪が降るんだけど、雪の日もやっていた」。

３年目のシーズン、小笠原選手は１３５試合にフル出場。打率2割8分5厘、25本塁打、83打点でレギュラーを掴みました。その後の活躍はみなさんご存じの通りです。

「引退試合の日もあの片手のティーをやっていたでしょ。だから、全てが終わった時は本当にお疲れさま。もう休みなよって気持ちだったんだ」と笑顔の上田さん。遠くへ飛ばす力も、ゴロをうまく捕る力もなかった小笠原選手。しかし、上田さんは力を込めて言います。「彼には続ける力があった。雨の日も雪の日も、体調がいい日も悪い日も、とにかく続けた。最後まで続けた。そこがすごいところ」。小笠原選手が持つ力は、プロ野球選手にとって最も大切な「続ける力」だったのです。

引退後、小笠原選手は2軍監督に就任しました。今の若竜たちには「小笠原さんは偉大な選手」というイメージしかないと思います。しかし、「人は偉大な選手に生まれない。偉大な選手になるのだ」ということを体現したのが小笠原2軍監督。ぜひ、若手選手は続ける力を身につけて、勝負強いサムライになって欲しいものです。

小笠原道大エピソード　その❷

親友が語るありえないガッツ伝説

宮部和裕

打席での独特の構えとフルスイング。そのシルエットとオーラが全てを物語る小笠原道大・新2軍監督。あらためて19年間の現役生活お疲れさまでした。私、引退試合のラジオ中継を担当でき、感無量でした。思わず「ラストサムライ！小笠原！」と放送席から叫んでしまいました。
そんな小笠原2軍監督、現役時代ずっと、同い年の上田佳範前コーチと大の仲良し。上田さんといえば、松商学園時代からイチロー選手とともに、昭和48年生まれ組の代表格。二人は日本ハムでチームメイトとなるわけですが、プロキャリアでは上田前コーチが先輩。そんな上田さんは、後から入団してきた小笠原選手がガッツ！と呼ばれるようになったゆえんを最も目の当たりにしてきたそうです。ルーキー時代に見せた、恐るべきストイックさの数々とは。

ガッツ伝説その①
冬の千葉県鎌ケ谷市の2軍施設。その日は雪がしんしんと降り、球場一面が銀世界に。その大雪の中、黙々とランニングを続けている男が…。それが小笠原。肩には雪が積もっていくだけでなく、なんと両手には鉄アレイが。しかも、凍えるような素手で握りしめた鉄アレイは、みるみる錆びていったとは、上田前コーチ談。

ガッツ伝説その②
試合中打席に向かう直前のルーティン。ネクストサークルでバットにおもりのリングを付け、負荷の掛ったバットでスイングしてから、そのリングをさりげなくひょい、と外しながらバッターボックスへ颯爽と向かう小笠原選手。大歓声を受け、オーラも集中力もマックスという場面。ドラゴンズ時

代もよく目にしました。しかし、かつて日ハム時代、上田前コーチが思わずベンチから叫んだ事件がありました。それは、

「おい！ ガッツ！リング外せよ！」。まさかの輪っかつき打席。これはなんと、直前の素振りがフルスイング過ぎて、外す動作はしたのに、がっちりハマり過ぎて外れなかったらしいのです。

ガッツ伝説その③

練習のし過ぎでケガをすることが珍しくなかったという小笠原選手。あるシーズン、人差し指を疲労骨折し、スタメンは泣く泣く断念したものの、首脳陣は、試合終盤の大事な場面で、「代打、小笠原！」。監督からの命とならばと、打撃練習なしで打席に入ったサムライは、なんと骨折しながらも代打ホームラン！ 患部である人差し指を立てたままのスイングでスタンドイン。これぞ、ガッツの愛称の由来です。

なんといってもガッツの凄さは、生涯フルスイングを継続できたこと。昨年の引退試合後、両軍ナインからの胴上げ。ライバル球団であるDG両軍が一つになっての胴上げシーンなど、長いプロ野球史にかつてあったでしょうか。さあ、引退後、即、2軍監督就任の今季、若竜たちにガッツ伝説を継承してもらいましょう。

20
80

沖縄キャンプの裏側 小笠原道大さん、浅尾拓也投手の○○な顔

柳沢彩美

毎年の沖縄キャンプでは、選手たちのサポートをすべく、たくさんの現地のアルバイトさんたちが球場にいます。グラウンド整備を行ったり、ボールを拾ったり、なかにはトスバッティングのトスを上げたりと、選手との距離も近いんです。

羨ましい！　そこ、代わって！　と思われるファンの方もいらっしゃるかもしれません。

このアルバイトさんたちは野球経験者の20歳前後の男性。ハードなキャンプメニューが円滑に進むようにサポートしています。そんなキャンプの助っ人アルバイトさんたちにこんな質問をぶつけてみました。

〝近くで見ているからこそ分かる、印象に残った選手って誰ですか？〟

アルバイトAくん「小笠原選手ですね〜」。

その理由は、「気さくに話しかけてくださいます。年はいくつ？　だとか、元気か？　という風に。朝早いときなんかは『起きてるか？』と突っ込まれたこともあります（笑）」。

私がキャンプで拝見した小笠原選手（現・2軍監督）はとにかく練習。そして厳しいというイメージでしたが、アルバイトさんたちにそんな微笑ましいエピソードがあったとは！　選手から話しかけてくれる、気にかけてくれるというのは、1カ月ともに頑張るアルバイトさんたちの活力になっているようです。

さて、同じ質問をもう一人に聞いてみると。

アルバイトBくん「浅尾投手です！」

ちょっと考える素振りをみせつつ、ほとんど心では最初から決まっていたという感じ。その理由は「朝早くても必ず〝おはようございます〟と目を見て挨拶してくださいます。礼儀正しくて、僕たちにもすごく丁寧に接してくれて感動しました。あとやっぱり〝しにかっこいい〟です」

し、しに？　〝しに〟って？

「えっ、なんて言うんだろ？　とても、すごい、超っていう感じですかね。とにかく最高にかっこいいっていうことを僕ら沖縄の人は〝しにかっこいい〟って言います。しにかっこいいです、浅尾さん！」

男から見てかっこいい男！　とは、こんな気配りができる人のことを言うんでしょうか。それにしてもアルバイトさんたち（男性です）、浅尾スマイルについて話すとき、力入ってました（笑）。

21/80

オレたち愉快な「3D」!!

宮部和裕

わがドラゴンズには、毎年のように、愉快なドミニカ人選手がやってきます。中でも昨季、4月首位の快進撃を支えたのが、ルナ、エルナンデス、ナニータのドミニカン三人衆、通称「3D」。この「3D」のフレーズは、私自身、「3D揃い踏みで逆転勝ちっ！」と放送席から何度も叫んじゃいましたし、スポーツ紙の見出しでも躍ってました。

実は、この「3D」。われわれCBCの公式ツイッターが誕生のきっかけなんです。三人衆の活躍で劇的勝利の直後のラジオ番組で、パーソナリティー戸井康成さんと私の会話で、「何かニックネームを！」と盛り上がったまま、生放送は終了。すぐに番組ツイッターで呼びかけたところ、たくさんのリスナーから提案が。その内、東京都にお住まいのラジオネーム・シバドラさんから「3D」のアイディアをいただきました。

「これはイイっ」と思った私は、翌々日に担当したテレビ「サンドラ」の生リポートの際、共演したドアラに意見を頂戴したところ、「ボクも仲間入りして、4Dでも！」と妙な逆提案をスケッチブックに記し、快諾。

すると、その3時間後、3Dのメンバーがバットで繋いで大活躍。さらにその翌ゲームでは、3Dでサヨナラ勝ちを収めたんです。となりますと、エルナンデス選手らご当人もお気に入りで、「We are 3D!!」を声を揃えてテレビ収録まで乗ってくださいました。

この騒ぎに、彼らを来日させた張本人の森繁和ヘッドコーチも、「なんだか、3Lつーのが流行ってるらしいな」と笑顔。「いえいえ、3Lはヘッドコーチのジャージのサイズです…」と私、突っ込みを入れてしまいました。ルナ選手は今シーズンから広島でプレーしますが、日本に連れてきた森コーチも親代わりのように3Dを温かく見守り続けることでしょう。

22
80

亡命を試みたバルデスが走り続ける訳

宮部和裕

ドミニカン三人衆、通称「３Ｄ」がチームにもファンにも定着する姿を羨ましそうに眺めていたのが、昨年ドラゴンズに新加入したラウル・バルデス投手。彼の経歴は波乱万丈です。かつて、出身地キューバからドミニカにボートで亡命を試みたものの、２度も失敗。３度目に海を渡り切るも、それを手助けした兄弟が、一時拘束されたという体験があるそうなんです。

やがて掴んだ日本での大チャンス。バルデス投手は、開幕から先発としてバンバン投げまくり、試合を作ります。しかし、不運なことに打線の援護がなく、バルデス自身に白星が付きません。そんな中、ゴールデンウイーク最後の甲子園、９回途中まで素晴らしい投球を続けて、来日初勝利目前、なんと、中継ぎ投手が自滅し、まさかのサヨナラ負け。

虎ファンの大歓声を背中で聞きながら、チームバスへ向かう暗く長い通路。「ノーコメント」を予測していた私に、通訳の桂川さんとルイスさんを介してルイスさんが驚くべき言葉を語ってくれました。

「人生には、自分でコントロールできないことがある。ボクがコントロールできるのは、ボールを低めに投げ続けることだけだよ」と少しの微笑み。

後日、あらためて真意を聞いてみると、「あれは本音だよ。自分に勝ち星が付くか付かないかよりも、住む国があって、投げる居場所があって、チームに求められていることだけが大切なんだ」と。

もちろん、年俸契約の中で、投球回や防御率による出来高払いはあるでしょうが、そんなことを超越した彼を尊敬しました。

また、バルデス投手は英語をリスニングで理解できていても、全く口にしません。話すのは、母国語のスペイン語で、あとは表情のみで伝達。キューバからドミニカへ亡命しても、キューバ人としての誇りは捨てない。その表れなのでしょう。

そんなバルデス投手が、先発登板

ロッカールームでのバルデス投手　撮影：宮部和裕

の翌朝、必ず続けていることがあります。ナゴヤ球場でのランニングです。このルーティンについても、彼は笑みを浮かべてひと言。

「なぜいつも走るのかって？　走り続けないと、人生は先へ進めないからさ。自分の現役生活、母国キューバの政治情勢。進まなきゃ未来はやって来ないからね」

少々コワモテなその顔つきには、数々の試練を乗り越えてきた、年輪のように深いシワが刻み込まれていました。

勝っても負けても、この翌日の長時間のランニングを欠かしません。今季もバルデス投手はドラゴンズのために、走り続けます。

23
80

下関の夜　岩瀬仁紀

若狭敬一

「あんなに荒れた夜はなかったですね」。岩瀬仁紀投手は苦笑いを浮かべながら、そう振り返りました。プロ通算４０２セーブ。どんな時もポーカーフェイスで、何度となく修羅場をくぐりぬけてきた鉄腕・岩瀬投手。そんな彼が、荒れに荒れた夜がありました。

２００４年4月17日、福岡ドームの横浜―中日1回戦。横浜は斎藤隆投手、中日は野口茂樹投手の投げ合いで、試合は9回表を終わって3対1、中日2点リード。9回裏のマウンドには、8回途中から登板していた岩瀬投手がイニングをまたいで上がりました。前年までセットアッパーとして主に8回を投げていた岩瀬投手は、この年から本格的に守護神を任されていました。しかし、シーズン開幕前に左足の指を骨折した影響もあって、本調子ではありませんでした。

懸命に腕を振り続ける岩瀬投手。何とか9回2死までこぎつけましたが、満塁のピンチ。ここで1番・内川聖一選手にレフト前へ弾き返され、3対2。なおも2死満塁。続く打者は2番・石井琢朗選手。2ボール2ストライクから投じた5球目でした。打球はショートへ。これが痛恨のタイムリー内野安打となり、3対3の同点となったのです。試合は結局、延長12回3対3の引き分けで終わりました。

試合後、チームは翌日試合が行われる山口県下関市へバスで移動しました。ホテルにチェックインし、部屋に入った岩瀬投手。すると、電話が鳴りました。「俺の部屋に来い」。声の主は谷繁元信選手でした。岩瀬投手はノックし、谷繁選手の部屋に入ります。待っていたのは、強烈な説教でした。

「お前、どこ投げてんだ！今日勝てなかったのはお前のせいだ！俺の構えたところに投げろ！」と、谷繁選手はものすごい剣幕でまくしたてました。「す、すみません…」と、声を絞り出すのがやっと。「失礼します」と頭を下げて部屋を出ましたが、岩瀬投手の心は激しく乱れていました。「なんでだ…なんで、そんなに俺一人に責任を被せるんだ！」。自分の部屋に戻った岩瀬投手は、荒れに荒れました。「全部が全部抑えられるわけないだろう」。長いシーズン、リリーフに失敗することもあります。まして、本格的に抑えをするのはこの年が初めて。「そんな日もあるよ」と激励する選手がいる中で、バッテリーを組む谷繁選手だけは、猛烈に新守護神を叱責したのです。部屋で一人自問自答する岩瀬投手。そして、一つの結論に行き着きました。「よし、こうなったら、谷繁さんの言う通りに投げてやろう。それで打たれたら、谷繁さんのせいにしよう。じゃないとやってられるか、こんな仕事！」。

完全に割り切ったのです。勝敗の責任を全て自分が背負っていたら、精神的に疲弊してしまう。それなら、その一部を「人のせいにする」と、いう考えにたどり着いたのです。「うん？」。その瞬間、少しだけ体が軽くなりました。「そうか、一人で背負い過ぎていたのか」。

27

個目のアウト。これを取るのが最も難しい、と岩瀬投手は言います。「26個目まではいいんです。でも、27個目となると心が動く。勝てそうだという隙、勝ちたいという欲、失敗したらという不安。緊張、プレッシャー、焦り、いろんな感情が、急に湧くんです。だから、途端に難しくなる」。場内ではあと1人、あと1球コールがこだましています。「あれも結構きつい。相手打者を追い込んでいるのも確かですが、あれでピッチャーも追い込まれているんですよ」と笑います。「9回を任される投手は体もきついんですが、それよりも精神的にきつい。無事に勝てた後は本当に解放感に包まれるけど、やられた後は自殺したくなるほど。偏頭痛やめまいは、何度も経験しました」。そんな岩瀬は、9回のマウンドをこう例えました。「9回？ あそこは処刑台です」。

試合を締めくくるストッパーの仕事は、想像以上に過酷。「でもね、怖さを知らないうちは案外結果が出るんです。ときどき新人で、バンバン抑える投手が出てくるでしょう。でも、一度怖さを知ると、そうはいかなくなる」。人間のやることです。永遠に失敗しないわけがありません。どんな投手でも、いずれ怖さを知るのです。「だから、言葉は悪いですが、人のせいにするんですよ。正確に言うと、あまり背負わずに投げる。やることはやった。でも、結果が付いてこなかった。それは仕方がない。そう思わないと、本当にやってられない仕事です」。

しかし、人のせいにするには、やるべきことをやらないといけません。岩瀬投手は、谷繁選手の要求通りに投げるため、よりコントロールを磨きました。人のせいにするにも、背負わずに投げるにも、要求されたボールを要求されたコースに投げなければ始まりません。「あの下関の夜は、忘れることができません。最初は谷繁さんのことが嫌いになりましたが、今思えば、僕をうまくリードしてくれていたんだと思います。あれ以来、少し肩の荷が下りた感じがありましたから」。

下関の夜の前までに、岩瀬投手が挙げたセーブはわずか9個。その後積み重ねたセーブは、実に393個。若きセットアッパーを日本一の守護神に成長させるきっかけは、今から12年前の下関の夜にありました。

24
80

川上と岩瀬のゴルフ話

塩見啓一

選手にとってオフの最大の楽しみはゴルフ。選手たちのコンペも幾つかあります。組み合わせはコンペによって違うのですが、どうしても一緒でなければ、というのが昨年ドラゴンズを退団した川上憲伸投手と、岩瀬仁紀投手でした。ですから、いつも幹事に無理を言って、同じ組で回ります。

わきあいあいと回っているかと思いきや、実はこの２人、ラウンド中はあまり話すことがありませんでした。なぜなら…あまりにも腕前が違いすぎるのです。川上投手は70台。岩瀬投手は１００くらい。川上投手がほとんどコースの真ん中にボールを飛ばしているのに対し、岩瀬投手といったら、あっちへ行ったり、こっちへ来たりと、お世辞にもうまいとはいえません。

ではなぜ、２人は一緒にゴルフをするのか。あれは２００４年の優勝旅行でのコンペのこと。ゴルフが上手な川上投手が、下手な岩瀬投手に説教をしています。どうして？ 川上投手いわく「僕は岩瀬さんにゴルフが上手くなってもらいたいんです。それなのに、ミスショットをして平気でいる岩瀬さんを見ていると、僕の方が悔しくなるんです」。

それに対して、岩瀬投手は知らん顔。「別に上手くならなくてもいいもんね」と、マイペース。それでも一緒に回るのは、私生活でとても仲がいいから。それにしても、1歳下の川上投手にゴルフで何を言われても平気な岩瀬投手。そのマイペースぶりが、鉄腕ストッパーの秘密なのかも知れません。

25
80

岩瀬仁紀後援会

勝ちゲームの最後を締めくくるのが当たり前といわれる男を、どんな時も支えてきた地元の温かいお仲間がいます。

後援会の結成は、入団1年目のシーズンオフ。毎年恒例の沖縄キャンプツアーに始まり、シーズン中には、どこかしらへ遠征観戦。マツダスタジアムに行けば宮島観光付き、夏の北海道ならラベンダー畑を味わうお楽しみ付き。団体バスの集合場所は常に西尾市内、岩瀬仁紀投手の実家ご近所です。

そして何よりの特典は、そこには岩瀬仁紀投手本人の笑顔があるということ。このような催しに必ず顔を出すのは、当然のようでいて、なかなかできることではありません。練習があって、体のケアもあって、何よりシーズン中ですから。

それでも、いつもそこには岩瀬投手の何年経っても照れたスマイルがあります。

年末には西尾市の後援会総会。地元の英雄の登場を「燃えよドラゴンズ！」の大合唱で出迎えて、脱線トークありゲームあり、必ず少人数ごとの写真撮影ありという手作りパーティーです。

宮部和裕

そんな律儀すぎるほど律儀な岩瀬投手が、たった一度だけ顔を出せなかった宴がありました。昨年2月19日、まだ肌寒さの残る沖縄の夜。後援会ツアー恒例の食事会。しかし、そこに主役は不在。

左肘の痛みが悪化した岩瀬投手は、その日朝一番の便で入れ違うように検査のため名古屋へ帰っていたのです。なんとも皮肉なタイミングとなってしまいました。その晩の会場には、せっかく参加していただいた方たちをもてなそうと駆け回る、岩瀬投手のご両親の姿がありました。富美夫さんと道代さん、本当はお二人が一番、息子に会いたかったでしょうに。

帰名し、そのまま沖縄キャンプへの復帰がかなわなかった岩瀬投手。肘の具合は好転せず、プロ入りして初めて、開幕を1軍ではなく、ナゴヤ球場で迎えることとなりました。開幕当日、私の足は、開幕戦中継の京セラドーム大阪出発の前に、ナゴヤ球場へ向かいました。

リハビリトレーニングを終えた岩瀬投手が笑顔でひと言。

「宮部さん、球場、間違えてるよ。でも、オレ、ポジションを明け渡したと思ってないから。若いみんなに頑張ってほしいけど、自分が投げられるようになったらいいだけだから」

その数時間後、京セラドーム大阪のグラウンドへ到着すると、三塁側で森ヘッドコーチが、開幕の緊張感の中、私の手をつぶれるくらい握りながら、

「そうか、会ってきたか。でも、マンちゃん（岩瀬投手のニックネーム）は絶対に終わらせないよ。これまで俺ら何人の命を救ってきたと思ってるんだ」

Vシネマのワンシーンのような森ヘッド独特の表現におののきながら、涙が出そうになりました。プロフェッショナルの厳しい世界にあっても、これぞチーム。

あれから半年。2015年秋、シーズン終了とともに、何人ものレジェンドたちが引退しました。その中で、1軍に1試合も登板できなかった岩瀬投手は現役続行を選びました。チームも本人も、現役続行の決断は、ぎりぎりまで悩んだ末の一筋の道だったことでしょう。

そして、昨年暮れの12月27日、第17回を数えた岩瀬仁紀投手後援会総会が開かれました。その冒頭、入場直後の本人からの簡単なあいさつの予定は、うっすらと涙を浮かべての決意表明となりました。

「ここまで続けられたのは、みなさんのおかげです。もう、失うものはありません。年末になってようやく1軍で抑えを務める手ごたえを掴めました。チーム内のライバルとではなく、自分と戦える自信をもう一度」

どんな時も、支える後援会のみなさ

2015年末に開催された後援会総会での2ショット

んにとって、もうそれ以上の言葉はいりませんでした。ただただ、拍手が送られました。岩瀬後援会のメンバーは、今年は恒例の沖縄キャンプツアーが団体としては催行されなくても、春の沖縄のスタンドから温かい視線をドラゴンズに送るのです。

いつかは引退の時が来るのかもしれません。その時こそ、後援会総会で、これまで裏方に徹し続けていたお父様・富美夫さんに、初めてマイクを握っていただきましょう。

そっくりな親子。謙虚な立ち居振る舞いまで似たもの親子ですから。

26
80

吉見一起エピソード　その❶
キャッチャーの意図

角上清司

かくがみ・せいじ／1967年5月19日　兵庫県西宮市出身　報徳学園高等学校→関西大学　1992年入社
各種（野球、陸上、駅伝）スポーツ中継担当　1996年からラジオ野球実況担当　趣味：料理、旅行

華やかな舞台・オールスターゲームに選ばれたプレーヤーにとって、出場は光栄な出来事であり、「普段できないプレーをファンに見せたい」という話もよく聞く。さらに、いつもは会話することのない他チームの選手に話を聞いてみたい、という選手もいる。

２００６（平成18）年の入団後、２年間でわずか1勝の吉見一起投手は、２００８年の開幕から調子がよく、初めてオールスターゲームに選出された。しかし故障で辞退。翌09年も選出され、２年越しで初のオールスター出場となった。そこで吉見は、ある選手と話をしたかった。前年、二桁は勝ったが剛速球で抑える投手ではないことを自覚していた吉見は、自分とよく似たコントロールで勝負する投手、横浜ベイスターズ（当時）の三浦大輔投手に話を聞いてみたかったのだ。

試合前練習のマツダスタジアム。外野グラウンドでその時は訪れた。２人は外野グラウンドの芝生のうえに座り、20分近く話し込んだ。

報道陣の前に戻ってきた吉見は、多くを語らなかったが、「三浦さんと同じ考えでした」とだけ言い残し、ロッカールームへ消えていった。

その時三浦投手から聞いた話とは、「谷繁さんのリードの意図を考えて投げろ」というものだった。打者1人、1打席だけ抑えることを考えるのではなく、試合全体のストーリーを考え、1球1球のサインの先を読む投球。

「こういう攻め方だったら、次の攻め方はこうなるから、サインはこれだろう」。捕手・谷繁元信と、投手・吉見の考えが一致したとき、最高のパフォーマンスが生まれた。この年吉見は、一気に16勝をあげ、最多勝のタイトルを手にすることになる。

吉見一起エピソード　その❷

いたずらっ子は、世にはばかる大エース！

大石邦彦

インタビューすれば、受け答えは誠実。飲みに行けば、私にも酒をついでくれ、お刺身の醤油を小皿に注いでくれる気のきく男。本来は、私がしなければいけないのに、酒に酔って忘れてしまう私とは大違い。接待されることに慣れているはずのプロ野球選手のなかで、誰よりも社会人的な、もっと言えばサラリーマン的な選手、それが吉見一起投手なんです！　プロ野球選手になっていなかったら、確実に「仕事のできるサラリーマン」だったはずです。

彼は、気配りの天才。かくいう私も〝気配りの大石〟の異名をとるほどの男ですが、正直、完敗です。その気配りは、的を射ているというか、ピッチング同様コントロールがいいというか、欲しい時に適切に気を配ってくれるんです。だから、周りは気持ちいいのですが、この大エースには、問題も…。

それは、子供以上にいたずらが大好き、なんです。取材で久しぶりに再会した時も、手に「うんこ」

のおもちゃを隠し持っていて、私がドッキリするところを見ては大喜び。さらに、ピッチング練習のまじめな取材での出来事。米びつに手を入れて米をつかむトレーニングは、握力の強化につながる、と教えてくれた吉見さん。「大石さんも、やってみて」の言葉に促されて、手を入れてニギニギすると、手には不思議な感触が…。そこにあったものとは？

なんと、おもちゃのトカゲだったのです。ビビる私を見て、大喜びの大エース！　まじめな顔でインタビューを受けていましたが、本当は笑いをこらえるのが大変だったとのこと。この話には続きがあります。この直後「ごめんなさい」と私に謝った吉見さん。しかし、再び同じ手口で2回目のどっきりを仕掛けたのです。

完全に「カモ」と化した私。だまされた方もだまされた方かもしれませんが、顔色も変えずにやり遂げるあたり、大エースの絶対条件が備わっていると見ました。彼はドラゴンズでナンバーワンのポーカーフェイス、なのでした。

「イッポウ」の取材で吉見投手（左）にインタビューする大石アナウンサー

27
80

こんな腹筋見たことがない！

大石邦彦

ドラゴンズのイケメン・ナンバーワンといえば、言わずと知れた浅尾拓也投手。そのカッコよさは、顔だけなく肉体にも及ぶ。ユニフォームを身にまとっているから、あまり知られていないが、その均整のとれた体は、ほれぼれするばかり。念のため、確認しておくが…私には、そちらの趣味はない。ただ、そんな私でも「美しい」と思ってしまう肉体美なのだ。とりわけ、彼の腹筋美は最高！ 歴代の仮面ライダーもびっくりの「6パック」、つまり腹筋が6個に割れている。見事に区画整理された腹筋。もちろん、ギャランドゥ（ヘソの毛が濃い状態）などしていない。

私は、その腹筋を触ったことがある。女性陣の皆さん、うらやましいでしょう⁉ 私の右手は記憶している。メタボなど無縁の、あの凹凸のある腹。うぶ毛だけのサラサラした皮膚。何とも言えない感触だった…。再び念のため確認しておくが、これは番組の中での話だ。ともあれ、男も惚れる男、それが浅尾投手なのだ。

しかし、その浅尾投手を越える腹筋の持ち主が、ドラゴンズ投手陣にはいた。彼の名は、岩田慎司投手。沖縄キャンプで、私はその腹筋を目撃した。練習に向かう前、彼にインタビュー。すると、「キャンプで、体は順調にできている」という。「じゃあ、腹筋は？」と聞くと、岩田投手がユニフォームをめくった。そこで、見たものは？

浅尾投手以上にバキバキに割れた腹筋。浅尾投手と同じ「6パック」だが、ミスター腹筋美の浅尾投手以上に彫りが深いのだ。その瞬間、岩田投手は私が見た「腹筋史上ナンバーワン」の座についた。思わず「触っていいですか？」。

しかし、その腹筋を触ると、見た目の凹凸はなく、平坦な腹。なぜか？ 実は、それはマジックで書かれたものだったのだ。サービス精神旺盛で、「イッポウ」ファンでいてくれた岩田投手は、私がやってくることを知り、わざわざ「ボディーメイク」してくれたのだ。面白い人だ。それから、すっかり私もファンになってしまった。

そんな岩田投手と一緒にランニングしたことがある。その時、結婚する予定はあるの？ と聞いたが「ありません」の返事。しかし、なんと！

その直後に美人料理研究家との結婚報道が。驚きました、まさかの隠し玉。後日談では、カメラがあったので言えなかったとのこと。

今度会う時には、ぜひ確認したい。現在の岩田投手の腹筋はどうなっているのか。料理研究家の奥様のカロリー計算の成果と効果は？

28
80

イケメン、浅尾拓也 親父の背中を追って

宮部和裕

ご存じ球界一のイイ男、浅尾拓也投手。２０１１年のＭＶＰ受賞にはじまり、チームのセットアッパーとして、あらゆるピンチを爽やかに切り抜け、涼しげにベンチへ戻る姿にドラファンは酔いしれました。

ところが、２０１４年、チームはもっとも苦しい試合終盤の継投に苦しみました。浅尾投手と岩瀬仁紀投手で抑えることが当たり前だと感じていたことの有難さを再認識させられる一年でした。

その年のシーズンオフ、浅尾投手は、お父様を亡くしました。かなり日にちがたってから報道されたことが、本人のショックを物語っています。４１３０グラムで大きく生まれ、知多で育った浅尾少年。お父様の美国さん（享年77）とは、かなり年の離れた親子だったこともあってか、父子ともに、どう接していいかお互いに分からなかったのかも、と浅尾投手は振り返ります。

とにかく厳しすぎるほどの躾だったそうです。愛情たっぷりだからこその厳格なオヤジ。幼い頃から「よく頑張ったね！」ともっと話しかけてほしい一心でした。初めて少年野球チーム「つつじヶ丘ドリームス」に入る時も、「本当に続けられるのか」。八幡中学時代も、「人様に迷惑を掛けるな」。やがては、「父さん、もう出て行く‼」「勝手にしろ」と、一年間も父子で全く口を利かなかった時期もありました。ちょうどその頃、お父様が病気で10時間近い大手術を受けた時も、二人の関係は変わらなかったそうです。もちろんお互いを気にかけながら。

そんな父子冷戦時代の浅尾少年の願いは、たった一つ。

「父さんに褒めてほしかった。認めてもらいたかった」だけだそうです。

浅尾投手がプロに入ってからも、その関係が変わることはありませんでした。

「プロなんて、お前が通用する場所じゃない」の一点張り。ドラフト指名を喜んでくれていたのは分かるのですが、「言葉で褒めてほしかった」。

浅尾投手は、沖縄キャンプなどで、どんなに練習で疲れていても、ファンの方へのサインや握手にできるだけ応じます。それも達筆で。でも、この行動も、お父様からの「ファンの皆さんの支えあってこそだぞ」という戒めが、心のどこかにあるからのようです。

そんな父子が、初めてといってもいいくらい親子の本音の会話ができる機会が訪れたと、浅尾投手は回想します。２０１１年オフの結婚披露宴です。奥様と家族になることを決め、所帯をもった息子の姿、お父様にとっては、どんなに誇らしかったことでしょうか。

　２０１５年12月末、無事、お父さまの一周忌を終えた浅尾投手。すでにその日から新たなシーズンへ向けて、この時期異例の投球練習を続けていますす。浅尾投手自身が「一年ずっと一軍にいてこそ、復活です」というその姿を、あえて厳しく接したお父様の墓前に報告できますように。

色紙にサインする浅尾拓也投手（2013 年）　撮影：宮部和裕

29
80

荒木雅博エピソード　その❶

〝ふつう〟がスタイル

宮部和裕

昨年6月11日、千葉ＱＶＣマリンで達成された和田一浩選手の２０００安打達成の光景。それをベンチから眺め、「自身の野球観を見つめ直した」という男がいます。今季プロ21年目の荒木雅博選手です。

和田先輩の大記録へのカウントが続くころ、「オレは、２０００安打まで届かないんじゃないか…」と感じていたそうです。荒木選手は、２０１５年シーズン開幕時点で、２０００安打まで、あと１１０本。かつての彼ならば、全く不可能な数字ではありませんが、スタメン出場が減り続け、ベンチを温める機会も増えました。そんな立場での自身の葛藤。

でも、和田先輩の感動の瞬間を目の当たりにして「そんなに先々までガツガツ考えすぎず、やっていこう！」と心に決めたそうです。「あんなにファンや家族が喜んでもらえるものなのか」。あの歓喜のスタジアムは、ベンチから見つめた荒木選手にとって想像以上だったからなのです。

そもそも、荒木選手は、96年のドラフト1位入団の直後から、星野仙一監督に「あいつにはどこかポジションを与えてやれれば、もの凄い選手になる」と言わしめた逸材。実際、かつては外野でのスタメンもありましたし、ファンの方も知る人ぞ知る左打席でのヒットも記録しているんです。

これまで、五人の監督に仕えて活躍してきました。星野監督には「自分を引き上げて下さった恩人。ただボクは、怒られたことがないんです。それがかえって怖かった」。次の山田監督には、「あれほどの大投手から、一人前のプロとして認めていただいたことが活躍に繋がった」。

そして、アライバコンビで神懸かり的なプレーを続けた頃、落合博満監督からボソっと言われた言葉は、今でも決して忘れないそうです。「お前が感じるセンスは、他のやつらには通じない。分かるヤツにだけ伝わればそれでいい。ただ、それはチーム内で誤解されやすいぞ。気をつけな」。

まさに、超一流同士のみが通じ合うやりとり。

昨シーズンの活躍の場の激減。そんな荒木選手の葛藤を感じとったのか、シーズン半ばの、とある練習日。ナゴヤ球場で落合GMが不意に、またしてもつぶやいたそうです。

「我慢して悪いことは何もない。それが何かに繋がるぞ」と。

言葉を受け取った荒木選手にとって、いま我慢することが2000安打に繋がるのか、引退後の指導者の道に繋がるのかは分からないそうです。でも、決めたことがあります。

「気持ちで、切れないこと」

しばらく試合に出ないというだけで、その日がスタメンじゃないからといって、一喜一憂しないこと。つまずいた時は、もっと先を見つめること。いつも、〝ふつう〟にプレーすること。それが自分のスタイルだから。

そして、自分の気持ちを切らさないために、２０００安打という目標は、あえて横に置いておくこと。それが、記録達成にも繋がる、と。

荒木雅博39歳のシーズン。かつて名コンビと野球ファンを唸らせた相棒の井端弘和さんは現役を引退。球宴でコンビ復活という夢はついえました。時代は明らかに変化しています。だからこそ、打撃での偉業目前という色気を出さず、守備と走塁とのトータルでの〝ふつう〟の荒木スタイルで、今季もナゴヤドームを魅了していきます。

荒木雅博エピソード　その❷

荒木の2歩

若狭敬一

「大事なのはポジショニングです。事前の打球方向のデータはもちろん、その時の打者の調子や投手の配球などを考えて変えるんです。極端に言えば1球ごとに変えますね」。これは去年9月、「サンデードラゴンズ」に出演していただいた時の、赤星憲広さんの言葉です。赤星さんは元阪神タイガースの外野手。ゴールデングラブ賞を6回受賞した名手です。単なる捕球、送球だけでなく事前の準備、ポジショニングにこそ守備の極意があると強調されていました。

ドラゴンズにも守備の名手がいます。ゴールデングラブ賞6回受賞の荒木雅博選手です。「2歩だけ寄ったんです。まあ、たまたまそれがはまりました」。そう謙遜しながら、荒木選手は11年前のプレーを振り返ってくれました。

2005年4月15日、ナゴヤドームの中日―阪神1回戦。中日が中田賢一投手、阪神は太陽投手の先発でした。試合は序盤から中日ペース。立浪和義選手、ウッズ選手のタイムリーや谷繁元信選手の2ランなどで、8回を終わって6対0。誰もがドラゴンズの勝利を確信しました。そして、9回表。

マウンドにはそれまで4安打無失点の中田投手が上がりました。しかし、阪神が反撃を開始します。まず、先頭のシーツ選手が二塁打、続く金本選手がライトへ2ラン。これで6対2。中日ベンチは2番手・鈴木義広投手へスイッチしますが、2者連続四球でピンチを招きます。たまらず3番手の平井正史投手がマウンドへ。しかし、矢野燿大選手に3ランを浴び、あっという間に6対5。中日のリードは1点になりました。阪神は攻撃の手を緩めません。代打・町田公二郎選手が2塁打、さらに暴投で2死三塁。1打同点の場面を迎えました。ここで、左打席には藤本敦士選手が入ります。

「あの場面、僕は2歩だけ二遊間に寄ったんです」。レフトスタンドが盛り上がり、ライトスタンドが静まりかえる中、背番号2はそっと二遊間を詰めました。それは根拠に基づく2歩でした。「平井さんの決め球はフォークです。その日、藤本は第3打席に中田賢一のフォークで三振しているんです。打者心理からすると、同じ失敗はしたくない。フォークが来ても当てたい。ならば、引っ張るよりセンターから逆方向へコンパクトに打ちたい。そう思うはずです」。この日の藤本選手はそれまで4打席ノーヒット。荒木選手の記憶通り、3打席目は空振り三振に倒れていました。「当然、1球ごとに谷繁さんのサインを見ます。すると、フォークが出たんです。だから、寄りました」。

そして、カウント1ボール1ストライクからの3球目。藤本選手がコンパクトに振り抜いたバットは、低めのフォークを捕らえました。打球は高いバウンドで、ピッチャーの頭を抜けます。「センター前ヒット！ 同点だ！」と阪神ファンが思ったその時、セカンドの荒木選手が懸命にグラブを出して捕り、一塁へジャンピングスロー。「アウト！！！」。間一髪のタイミングでした。試合終了。6対5、中日の勝利。実はこの試合で中田投手はプロ初勝利を記録しました。もし、荒木選手が2歩寄っていなかったら…。

守り勝つ野球を掲げる谷繁ドラゴンズ。世代交代が叫ばれていますが、まだまだ荒木選手の存在はチームに必要不可欠です。さらに、この守備に対する意識の高さは、後輩たちが受け継いでいかなければならないでしょう。

「いますよ、意識の高い後輩は」と荒木選手。去年の東京ドームでの巨人戦。セカンドでスタメン出場していた荒木選手は、亀井善行選手のセカンドゴロをさばきました。3アウトになって三塁ベンチに帰ると、「荒木さん、亀井さんの時に、気持ち一塁側に寄りましたよね」と聞かれたそうです。「そういうことに気付くかどうかが大事なんです」。荒木選手はその後輩の指摘に喜びを感じたそうです。「しかも、その時は亀井に気付かれないように、いったん真後ろに下がって、そのまま前に行くフリをして斜め左に寄ったんですよ。露骨に一塁側に寄ったら、打つ前に相手にばれるでしょ」。プロは寄り方までこだわっています。「その後輩、誰ですか?」。「(堂上)直倫です」。

技術は見て盗むのがプロの世界。守備の極意である準備、ポジショニングもやはり見て盗むものなのでしょう。ドラゴンズには素晴らしい見本がいます。次代を担う選手には1歩といわず、2歩、3歩と近づいて欲しいものです。

30
80

緑区が生んだスピードスター大島三兄弟

宮部和裕

名古屋市緑区で有名だった少年時代の大島三兄弟！　そして今、大島洋平選手自身が同じく三人のお子さんを抱えて、パパ、頑張ってます！

先日、大島選手会長（当時）が、名古屋市熱田区の旗屋小学校を訪問しました。松井佑選手とともに、打撃や送球を披露して拍手喝采。６年生の教室で一緒に給食を食べるなど、ふれあいの最中に、これだけはぜひ！　とマイクを握りました。

「ボクも子供のころ、立浪さんの姿に憧れて、お父さんにキャッチボールをしてもらいました。だからみんなも、好きな選手を見つけて、ちょっとずつでいいから、毎日、ちょっとずつでいいから練習してみてね」

そうなんですね。世代を超えて伝わるドラゴンズ80年の系譜。大島選手は、今度は自身の少年時代のことを伝え、未来のドラゴンズファミリーを探します。

三人の名前の漢字を合わせると「太・平・洋」になるスケールの大きな仲良し兄弟。当時から野球大好き長男・洋平少年は弟二人と、家の中でもバッティングやキャッチボールをしていたそうです。おかげで室内はめちゃめちゃになることもあったそうですが。障子を破っても怒らない、寛大なご両親でした。

決してスパルタではなく、ずっと続けられそうな楽しい少年野球チームを選び、子供ながらに足りないなと思ったことだけ練習するというマイペースさんでした。でも性格は負けず嫌い。今とあまり変わりませんね。

とにかく伸び伸びと育った大島少年。享栄高では投手も務め、駒沢大学、日本生命では、加入当初から独自の野球センスで魅せてきました。プロ入り後は盗塁王やゴールデングラブ賞も獲得。長年悩まされた左肘痛を克服し、昨年はまさに飛躍のシーズンになるはずでした。

そうそう、大島パパによりますと、息子さんたちご家族はナゴヤドームでよく観戦されるそうですが、最近は、バックネット裏シートよりも、「外野席のパパの守りを近くで観たい！」とせがまれ、チケットを用意するそうです。父親の守りにはしゃぐ三兄弟、見事に血を受け継いでいますね。

昨シーズン半ば、開幕から当然のようにフル出場を続けてきた大島選手に、まさかのスタメン外れの試合がありました。チームの機密として、その理由が漏れることはありませんでしたが、当時の担当コーチの指摘により、落とし所として結論付けられたのは、彼の「サイン見落とし」。しかし、彼の素晴らしさは、数字に残るものだけでなく、むしろ、データには残りにくい大島選手ならではの、観察力や直感、紙一重の判断力にあります。そのまま小さくまとまってしまうことは、大島家の家訓にありません。

ファンが観たいのは、様々な制約があろうとも、そこを超越するプロフェッショナル。だから指揮官も、背番号8番に託す！

大島選手が持つポテンシャルからすれば、まだまだこんなもんじゃない。その先の通過点として、自身の１０００安打達成が近づいています。あと２１７安打。この数字の達成は、イコール、日本新記録となるシーズン最多安打という金字塔到達の瞬間となります。私も、大島選手の目標成就に向けた歩みを実況中継をしていきます。

31
80

涙のヒーロー

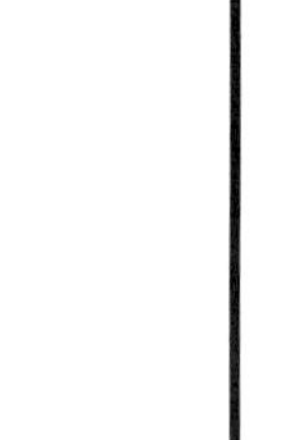

角上清司

中田賢一投手の目は潤んでいた。2007年4月1日、ナゴヤドームでのヒーローインタビュー。「今日でちょうど一カ月になります…」。声を詰まらせると一気に涙があふれてきた。「勝ててよかったです」。なんとかそう答えた後、お立ち台で号泣した。しばらく次の言葉は出てこなかった。

07年沖縄キャンプ終盤、中田投手の姿が忽然と消えた。「怪我では？」。担当記者がざわついたがその後、広報から体調不良の父親を見舞いに行くとの発表があった。

しかし、実際は尊敬する父の最期を見届けるために故郷の北九州へと向かっていたのだ。3月1日、野球の師でもあった父が逝った。

看病や葬儀などで一週間近くチームから離れ練習の空白期間はあったが、急仕上げでオープン戦に登板。気力だけで開幕に間に合わせた。そして、4月1日、開幕3戦目の練習中に今夜の登板を告げられた中田、多少の動揺はあったが覚悟を決めてシーズン最初のマウンドにあがった。

「父がどこかで見てくれていると思うので、とにかく頑張りたい。結果を出したい」。その思いで投げ続けた。立ち上がりこそ荒れ気味だったが、尻上がりに調子を上げ気迫の投球をみせ、6回無失点でマウンドを降りた。勝ち投手の権利を得た中田は、ベンチに座り祈るような気持ちで勝利の瞬間を待ち望んでいた。

勝利の瞬間「フゥー」と息を吐いた中田は、ウイニングボールを受け取り、お立ち台に向かった。ベンチからお立ち台へ向かう、そのわずかの間に走馬灯のように父との思い出がよみがえってきた。幼いころ野球を教えてくれた、子供のころから出る試合はほとんど見に来てくれていた父。お立ち台に上がろうとする中田の目はすでに真っ赤だった。

「今日は父が見ていてくれたと思います。このウイニングボールは父の仏前に供えます」。泣きながらそう語った中田投手。インタビューが終わると、どこかすっきりした表情で、多くのファンに手を振った。

32
80

福留孝介エピソード　その❶

あの福留孝介選手が・・・

久野　誠

福留孝介選手は、ＰＬ学園３年のドラフトで、７球団から1位指名を受けるほどの逸材でした。抽選の結果、交渉権を獲得したのは近鉄。小学生の時、中日の串間キャンプで立浪和義選手にサインをしてもらったこともあり、立浪選手への憧れが強く、中日を希望していた福留選手は、この近鉄の1位指名を拒否。社会人の日本生命に進んだのでした。そして二年後、逆指名で中日に入団します。しかし、打撃はともかく、守備はショートを守らせてもサードに移ってもミスの連続で、ついに外野にコンバート。ところが俊足・強肩の才能が、この外野で開花しました。その後、なんとゴールデングラブ賞を何度もとるまでになり、守備の不安がなくなったからなのか、本来の打撃でも首位打者を２度も獲得するなど、一流選手となっていきました。

実は福留選手は大変な努力家で、強靭な体と天賦の才に加えて日々の野球に取り組む姿勢が、彼を一流選手にしたといってもよく、福留選手ほどの練習好きを私は知りません。と同時に、福留選手ほどハートの強い選手も私は知りません。２年間の遠回りをしてでも、近鉄の1位指名を拒否したこと。

内野手として失策を重ねていても表情を変えることなく、平然としていたこと。注目を集める大舞台であればあるほど、燃えて結果を出すこと。別の言い方をすれば、福留選手はとても自己顕示欲の強い目立ちたがり屋なのかも知れません。チームメイトがみな沈黙して打てない時、一人安打を重ねたり、ここぞの場面で反撃の口火を切ったりするのは、阪神に移った今も変わりありません。

「これまで、プレッシャーなどというものは感じた事はありません」と豪語する福留選手が、しかし、バッターボックスに立った瞬間からふるえが止まらなかった出来事がたった一度ありました。それは1996（平成8）年、史上最年少で野球日本代表になった、アトランタオリンピックの第一打席でのことでした。福留選手19才、さすがの彼も日の丸を背負うことの重みに、最初で最後の、生涯唯一のプレッシャーを感じたのでした。

「第2打席は?」と私が聞くと、

「ウン、第2打席からはヘーキ」。

福留選手はハートも一流です。

福留孝介エピソード　その❷

シャイな選手といえば この人

いわゆる「インタビュアー泣かせ」の選手でした。本心を人に見せるのをヨシとしない選手だったように思います。インタビューの際は、真正面から答えるようなことはせず、いつもスカす感じだったですねぇ。サヨナラ打や優勝のシーンなどで感極まって涙する、なんていうことは、福留孝介選手に関しては一切ありませんでした。WBC準決勝の韓国戦でホームランを打った時でさえ、少しの興奮状態しか見せなかったですもんね。そのあたりが福留選手のプロ意識を支えているのだと思います。

唯一、正面から喋ってくれたのが、2011年日本シリーズの中継で、当時アメリカ球界にいた福留選手がゲスト解説でナゴヤドームに来た時です。この日は実況を担当していたのですが、聞かれたことに対して真正面から一生懸命答えてくれたのが印象的でした。放送席担当のディレクターも「あんな福留さん初めて見ました」とびっくりしていたほどです。解説者として「わかりやすく、聞かれ

高田寛之

たかだ・ひろゆき／1970年5月3日生まれ　兵庫県川西市出身　兵庫県立川西緑台高校→関西学院大学　1993年入社　プロ野球中継は97年から実況担当　ゴルフ・ボクシング中継を担当　過去担当番組：『ミックスパイください（中継コーナー）』、『野遊大全』、『本気汗（ラジオ）』　趣味：温泉、落語鑑賞

たことにきっちり答える」というプロとしての意識だったのでしょうね。ただ、ＣＭ中に「福留さん、この後○○について聞きますのでお願いします」というと「や〜だね！」と返したのは、いつもの福留選手でしたが…。

そんな福留選手のお茶目な一面を語るエピソードです。シーズンオフの時期、夜中12時ごろまで会社で仕事をしていて、自宅に帰ろうと会社の前の横断歩道を渡っていたとき、先頭で信号待ちをしていた黒塗りの高級外車の窓が開いて「お〜い、アナウンサーが遅くまで遊んでたらアカンなぁ！」と声を掛けられました。こちらは「まずい、困った人に絡まれてしまった…」と黙って通り過ぎようとすると、「ちょっと！無視せんといてよ！」と声のトーンが変わりました。

車を見ると福留選手の「じゃぁね〜！お疲れさま！」の声。そのまま手を振って通り過ぎていきました。おそらく、選手としては「福留孝介」を演じている部分が多いのでしょうね。

33
80

井端弘和エピソード　その❶

井端弘和のやさしさ

久野　誠

毎年オフになると、私はラジオで「ドラ魂ＫＩＮＧ」を担当していますが、これはその前身「ドラゴンズワールド」でのお話です。実はこの番組では、井端弘和さん（現・巨人軍コーチ）にずい分お世話になりました。彼がブレイクする直前、初めて出演してもらった時、「いやー、ラジオって面白いですねぇ」と言われ、それ以来何度も登場していただいたものです。

ある時、井端選手出演の日の番組終了直後に、時間の都合で放送できなかった多くのリスナーからのお便りを読んでいると、私宛ての一枚のＦＡＸを見つけました。内容は、「自分の妹が今、重い病気で苦しんでいます。妹は井端さんの大ファンで、病院のベッドでいつもテレビ・ラジオを通して井端さんを応援しています。実は井端さんが近々、病院の近くでトークショーをされることを知りました。そこで誠に勝手なお願いですが、井端さんに入院中の妹を元気づけていただけないでしょうか？」というお姉さんからのもので、早速このことを井端選手に伝えると、即座に「わかりました。お見舞に行きます」の返事。後日、お姉さんから丁重なお手紙が届きました。そこには井端選手がトークショーで一緒だった落合英二投手とともに、ユニフォーム姿でお見舞に来て下さり、病院中が大騒ぎになったこと、そして何より妹さんがサプライズの井端選手の登場に大喜びで、それ以来ずい分表情が明るくなったことなどが記されていました。

それから数ケ月後の翌年1月、お姉さんから再びお便りが―。妹と一緒に両親ともども、2月の沖縄キャンプに遊びに行くとのこと。すぐに連絡をとり、「妹さんお元気になられたのですか」とうかがうと、「いえ、覚悟の沖縄行きです」とのお返事でした。

2月初旬、ちょうど私が沖縄にいる時に、妹さん一家と初めてお会いしました。みなさんの表情は明るく、大好きなドラゴンズのキャンプ地・北谷を訪れた高揚感でいっぱいの他のファンと、何ら変わりのないものでした。井端さんにお見舞の御礼を言いたいということで、ちょうどバッティング練習をしていた屋内練習場にご案内したのですが、井端選手はすぐに妹さんに気づき、手招き。その場にいたスタッフの皆さんのご厚意もあり、報道陣も入れないネットの中で、井端選手と妹さんは再会を喜びあっていました。

それから半年がたったでしょうか、私の元に訃報が届きました。お姉さんからの手紙には、余命いくばくかの宣告を受け、最後に妹の希望を叶えてあげたいという沖縄旅行であったこと、そして最後まで、井端選手にやさしくしてもらったことを妹は喜んでいました、と綴られていました。

井端弘和エピソード　その❷

井端弘和の福祉活動

塩見啓一

井端弘和さん（現・巨人コーチ）と言えば、オフに何年も児童養護施設を訪問し続けており、その活動はマスコミでも取り上げられていました。

今から10年ほど前、私の知人から、ある青年M君のお見舞いを井端選手に頼めないか、という依頼をされました。M君は高校で野球をやっていたのですが、卒業後専門学校に通っている時、トランポリンで遊んでいて事故に遭い、ほとんど体を動かせない状態になったそうです。声を出すことも満足に出来ないのです。まだ20歳前でそのようなことになってしまい、絶望して治療も満足に受けない状況だったのですが、彼が大好きな井端選手に会えば変わるのではないか、と周囲の人が思ったのだそうです。

そこで私が頼まれたというわけですが、私は悩みました。マスコミに取材してもらって美談にするかどうか。しかし絶望のどん底にいる青年を見世物にするように思い、私はマスコミには知らせず、井端選手にこっそりお見舞いをしてもらうよう頼むことにしました。当時全盛期だった井端選手のスケジュールを抑えるだけでも大変だと思ったのですが、お願いすると、あっさり彼はＯＫしてくれました。

「新聞にも放送にも紹介しないけどいいの？」

「そんなこと関係ないですよ。僕で役立てるなら、それでいいんです」

そして井端選手と私は、Ｍ君が入院している病院へお見舞いに行きました。病院に着くと、首だけしか動かせない青年と、その周りにお医者さんや看護師さんたちがたくさんいました。その場にいた全員が、井端選手が来たことに興奮していました。しばらく井端選手はＭ君に話しかけていました。声を出すのも大変なＭ君は、それでも絞り出すように言いました。

「友だちに…なって…ください…」

井端選手は「いいよ」と即答した後、

「早く元気になって、ナゴヤドームまで来て応援してよ。待ってるから」

と続けました。その場にいた皆が温かい気持ちになりました。

その後、Ｍ君はリハビリにも積極的に取り組むようになったそうです。残念ながら球場にＭ君が行けるところまでは回復していませんが、その日を目指して、Ｍ君はリハビリを続けていることでしょう。

34
80

都市伝説ならぬ「都伝説」

若狭敬一

どの時代にも、ドラゴンズには誰からも愛される選手がいます。穏やかで優しくて、憎めないキャラクター。先輩からも後輩からも慕われる貴重な存在です。

その一人が都裕次郎さん。堅田高校からドラフト1位で入団した左腕の都さんは１９８２（昭和57）年に16勝を挙げてリーグ優勝に貢献。１９８９年に現役を引退し、現在はスコアラーとしてチームを支えています。

「都さんは1つ先輩なんだけど、ものすごく仲良くさせてもらってね。とにかく突っ込みどころが満載で誰からも好かれていたよ」。そう語るのは小松辰雄さんです。都市伝説ならぬ「都伝説」は、小松辰雄さんから色々と教えて頂きました。

「俺たちの頃は新幹線移動の時にセカンドバッグを持っていたんだ。財布や鍵を入れて脇に抱えるのが流行ってね」と小松さん。確かに昔のプロ野球選手にはそんなイメージがあります。「ただ、都さんはしばらく持ってなかった」。都さん、どうやら流行に敏感なタイプではなかったようです。「ところがある日、都さんがバッグを脇に抱えて駅に来たのよ」。ついに都さんがおしゃれに目覚めたのでしょうか。「でも、そのバッグ、セカンドバッグにしては少し大きかった。形もちょっと変。よく見ると、スパイクケースだったんだよ」。小松さん、思い出し笑いが止まりません。都さんはセカンドバッグの存在を知らず、みんなスパイクケースに財布や鍵を入れている、と勘違いしていたようです。もう抱きしめたくなります。

「都伝説」はまだあります。1980（昭和55）年春の出来事です。「都さんがみんなの前で意見を述べたのは、あれが最初で最後だと思うな」と小松さん。ドラゴンズは、宮崎県串間市でキャンプを行っていました。「毎年キャンプ中に選手会ミーティングがあるんだ。選手会長が意見をまとめて、球団に要望書を提出するための会議。例えば、新幹線の移動を全員グリーン車にしてくれとか、アンダーシャツやユニフォームの配給を増やしてくれだとか」。当時の移動は一部の主力選手だけがグリーン車で、若手選手や裏方さんは普通車だったそうです。「ただ、その場で発言できるのはさすがにベテラン選手だけ。当時だと星野さん、大島さん、谷沢さんあたり。選手会長は確か田尾さんだった。とても俺たち若造が物申せる雰囲気ではなかった」と振り返ります。

「もう意見はないですか？」と、田尾選手会長が意見を求めた、その時です。「すみません！」。声の主は都さん。会議室は騒然とします。「びっくりだよ。おとなしい都さんがあの雰囲気の中で、球団への要望なんて言うはずがないと思っていたから、もうザワザワしちゃって」。都さん、ゆっくりと起立します。「要望はなんだ？」。全員が都さんに注目します。「ナゴヤ球場の…」。真剣なまなざしで口を開く都さん。どうやら本拠地・ナゴヤ球場に関する要望のようです。静まりかえる会議室。「ナゴヤ球場のトイレットペーパー、シングルからダブルに変えてもらえませんか」。「は？」。「いや、ナゴヤ球場のトイレットペーパーが堅いので、お尻に優しい2枚重ねのものにしてほしいのですが、ダメでしょうか」

会議室は大爆笑。「もうあの時は度肝を抜かれたね」と思い出し笑いが止まらない小松さん。後日、本当にナゴヤ球場のトイレットペーパーは、ダブルに変わったそうです。ドラゴンズはいい球団です。私、この「都伝説」の真偽を確かめるべく、都さんを直撃しました。

するとﾞ「うん。本当だよ。俺、お尻弱いんだよね」と都さん。今でも都さんは誰からも愛されています。

35/80

中村武志エピソード　その❶

タイミングのいい電話

伊藤敦基

中村武志。星野仙一監督に一番怒られた選手は間違いなくこの人。

〝燃える男〟が文字通り燃えて血気盛んだったころ、選手たちも目をギラギラさせて白球を追った。怒鳴られようが何されようが、打って守って走って勝てば、今日よりもいい明日が待っていた。高度成長を成し遂げる国のように、チームが一つの目標に向かって貪欲になった。

怒られ方は理不尽だったという。自分が悪くなくてもベンチに帰れば怒鳴られた。「お前の顔なんか見たくない！　帰れ!!」と言われて、試合中に一人で遠征先の岩手から帰されたこともあった。


加藤安雄。中村の担当コーチだった。監督の意向を受けて中村には厳しく当たった。試合前でも泥だらけの練習をする。ヘトヘトになった中村を見て、相手チームは「ああ、今日のスタメンはないんだな」。ところが「8番　キャッチャー中村」。えっえぇ!?

星野監督はどこでも中村を叱った。遠征先のホテルでも部屋に呼んで怒鳴りつけた。当時の中日投手陣の主力は小松辰雄、西本聖、郭源治。未熟なキャッチャーのリードで試合を落とすこともあった。怒りの矛先は自然中村に向く。部屋で1対1だと際限なく叱りつけた。人間として立ち直れないほどやり込められた中村が自室に帰ると、電話が鳴った。加藤だ。

「なんや　武志。部屋におったんか？　ちょっと飲みに行こう」

グラウンドでは監督同様に厳しい加藤だが、ユニホームを脱げば野球の話は一切しなかった。元より加藤には、中村に聞かせるほどの英雄譚はなかった。だが監督が中村にかける期待の大きさは良く分かっていた。

「武志。絶対に監督の視界から外れたらいかんぞ。挨拶はしつこいくらい何度もしておけ。目を合わせてするんだぞ！」

怒られれば誰でも委縮する。星野監督に近寄ることも出来ない選手が多い中、中村はあえて目の届く範囲にいた。同僚があまり着ていない〝黄色のジャージ〟を購入したこともあった。全ては監督の目に留まるため、加藤が授けた処世術だった。

88年に優勝したオフの契約更改。球団の評価は中村自身が思った以上だった。

「おかげさまで給料を増やしてもらいました。受け取って下さい」

中村は、加藤に礼として現金を包んだ。驚いた加藤はもちろん受け取らない。でも嬉しかった。この話を伝え聞いた星野監督も喜んだ。

後年、中村は加藤の電話のからくりを知る。怒られた後にいつもタイミングよく掛かってきたわけは、星野監督だった。

「ヤス（加藤のこと）すまん。ワシまた怒り過ぎた。武志をフォローしてくれ」

中村武志エピソード　その❷

中村武志、中日を去る

久野　誠

中村武志選手は、長年にわたってドラゴンズの正捕手として活躍。投手陣からの信頼が非常に厚く、性格は明るくてやさしく、またおしゃべりも大変楽しい人でした。私は彼の結婚式の司会をしたこともあって、担当の「サンデードラゴンズ」やラジオの「ドラゴンズワールド」には、ずいぶん出演していただきました。

しかし、横浜からＦＡで谷繁元信選手がドラゴンズに移籍すると、中村選手は出場機会を求めてトレードを志願、結局横浜に移籍することが決まり、中村―谷繁の交換トレードというような形になりました。

当然、ドラゴンズファンにお別れの挨拶を、とオファーをし、横浜に居を移す直前「ドラゴンズワールド」に生出演をしてもらったのですが、彼の人柄を知る多くの武志ファンから次々と惜別の声が届き、本番で号泣。自らの志願とはいえ、愛するドラゴンズを去るさびしさと無念さで、涙があふれ止まらなかったのだと思います。その時、涙をこれで拭いて、とハンカチを差し出したのが、当日のコメンテーターだった彦野利勝さん。ただしそれは、汗っかきの彦野さんが何度も顔を拭いたもので、あれには参った、と苦笑いの中村選手の後日談です。

数

日後、中村選手から番組宛てに短い手紙が届きました。

「久野誠、何度人を泣かせたら気が済むのか！　今、横浜に向かう新幹線の中でこれを書いています。名古屋からわずか1時間少々の横浜が、とても遠くに感じます」

36
80

立浪和義の原点「最後の打者になりたくない」

伊藤敦基

PL学園で春夏連覇。２球団競合の末、１９８８（昭和63）年にドラゴンズに入団。高卒野手のドラフト1位はただでさえ珍しいが、当時大型ショートとして君臨していた宇野勝をコンバートさせてまで開幕スタメンを勝ち取ったことで、いやが上にもファンの期待は高まった。

走攻守、何をとってもセンスの塊。鼻筋の通った秀麗なマスクはスターの誕生を予感させた。何も虚飾をしなくても目立ってしまう存在。ドレスアップした紳士たちと並んでも、Ｔシャツとジーンズだけで光ってしまう、立浪和義はそんな選手だった。

インタビュアー泣かせでもあった。優等生的なコメントが返ってくるのはいいが、どこにも見せない表情で誰にも言っていない言葉がない。目標は？　タイトルは？　残したい数字は？　分かりやすい答えを望む紋切り型の質問には辟易としていたからだろうか、「〇〇の連続首位打者を止めるのは僕ですよ」なんて言ってくれたのは10年以上経ってからのこと。まぁ、「頑張ります」の一言だけでもファンが喜んでくれるのだから、いい。

プロとしては小柄な立浪は、ケガに苦しんだ。2年目には肩を痛めて離脱。復活を期した3年目の開幕戦。大洋の中山裕章投手から本塁打を打って勝利に貢献した。後に、この本塁打が一番記憶に残るヒットだと語っている。類まれなセンスでやっていた印象が強いが、納得できなければ深夜の4時まで素振りをしたこともあった。翌日打ったドン詰まりのヒットに、拳を握り締めて〝泥臭く〟喜んだ。

まだレギュラーとはいえなかった入団1年目から3年目、近しい人に言っていた言葉があった。それが「試合の最後の打者になりたくない」。首位打者を獲りたいとか3割を打ちたいとかいう個人的な数字ではなく、自分が凡退して負けが決まる、最後の打者になりたくないと言っていた。18歳でプロ野球に入ってきた高校生が口にする言葉じゃない。

そんな立浪もTシャツよりスーツが似合う年齢に。現役生活22年、いよいよバットを置く時がやってきた。気になって調べてみた。「一体何回最後の打者になったのか」。立浪の出た2586試合を全部。

一度もなかったなんてことはなかった。22年間だからさすがに無理。125回あった。でもレギュラーの座を勝ち取る3年目までを見ると、最後の打者になった回数は12回。ところが、同じ状況からヒットを打った回数は10回。四球を選んで「最後」を逃れたのが3回。つまり「最後の打者の可能性があった打席」25回中13回と、実に5割以上の確率で出塁していた。3割で一流と言われる世界では、これは驚きの数字だ。

球団史上最多のサヨナラヒット13本を打った立浪の、「10・8決戦」で一塁にヘッドスライディングして肩を脱臼するまでの闘志をみせた立浪和義の、原点はここにあった。

37
80

ホームランを打って反省
前原博之

塩見啓一

1992（平成4）年10月9日、ドラゴンズにとってはこの日がシーズン最終戦。ナゴヤ球場に阪神を迎えての試合でした。この年の阪神はヤクルトと激しくデッドヒートを繰り広げ、首位ヤクルトと1ゲーム差で臨んだ中日戦。しかも残りが3試合という状況でした。

とても大事なゲームである阪神に対し、中日は最終戦を前に最下位が決まっていたという状況。中日は落合博満・パウエルといった主力をスタメンから外し、先発は中継ぎを務めていた鹿島忠。何となく、阪神に負けても仕方ないという雰囲気で始まったゲームでした。

しかし、激しい優勝争いをしていた阪神はガチガチの状態で全く打てず。一方、ドラゴンズはというと、2回2死ランナー無しという状況で、阪神先発の野田浩司から、前原博之が阪神ファンで埋まる左中間スタンドにホームランを打ち込みます。この1点が決勝点となり、中日は1―0で阪神を下したのでした。この敗戦が効き、阪神は結局優勝を逃してしまいます。いわば阪神に引導を渡すことになったホームランを前原選手は打ったのでした。

試合の途中で入ってきた談話では喜んでいた前原選手でしたが、なんとなく状況を察したのでしょう。終わってから記者団に囲まれると、「振ったらたまたま当たったんです」。「あれは風のおかげです。いや～。怖いですね、帰りが」という始末。私はその時、決勝ホームランを打って反省した選手を初めて見ました。

ちなみに翌年は阪神が中日戦に執念を燃やし、中日は阪神に10勝16敗1分と大きく負け越し、ヤクルトとの優勝争いに破れたのでした。

38
80

今中慎二投手のチャーハン

久野　誠

私が「サンデードラゴンズ」を担当していた時のオフの人気コーナーに、「選手の公約」というのがありました。前年のオフに「15勝します」とか、「3割打ちます」と言った公約をしてもらい、その数字を見事クリアした場合は、選手が希望する商品をプレゼント。クリアできなかった場合は、こちらが用意した罰ゲームをしてもらうという企画で、見事公約を果たしてゲットした商品の中には、大豊泰昭選手の中国旅行などという豪華なものもありました。

一方、公約を果たせなかった時の罰ゲームで視聴者に人気があったのは、中京競馬場を7、8人で走ってもらうレース。シーズンに頑張ってほしいからこその罰ゲームで、愛のムチ？ですから、もちろん1000メートルを一生懸命走ってもらうのですが、普段競馬中継を見慣れたわれわれからすると、人間のスピードの遅いこと、遅いこと。おウマさんの偉大さを確認したものですが、ヘトヘトの選手からは大ブーイングの罰ゲームでありました。

今中慎二さんにも何回か、この中京競馬場を走ってもらったことがありますが、同じ公約失敗でも、目標の数字にわずかに足りないくらいだと罰ゲームもやさしくなって、ある年のやさしい罰ゲームは、「久野誠に手料理をふるまう」。今中投手が我が家に来ることとなり、カミさんそわそわ。「チャーハン作るから、事前に用意しておいて」と、今中投手からオーダーがあったのは、卵、ハム、そしてA、B、Cの、3つの今で言ううまみ調味料と言われるもの。1つだけならわかりますが、3種類って…。

フライパンの返しもそれなりに、ガスコンロの周囲にゴハンを少し飛び散らせながら、それでもそれらしくなってきたところで、今中さん、まずはAの調味料を何度も何度も振りかけ、続いてBをたっぷりと投入、さらにCをウソでしょ、というくらいにどっさり入れて、「まあこのくらいでええやろ」。

改めてABC3種類のビンを見ると、小さな容器ながら中身は半分に減っていました…。

今テレビのグルメ番組などを見ると、自然志向が強い時代となっていますが、この時、私は3種類の調味料がイヤというほど入ったチャーハンをいただくことになり、これは今中投手ではなく、私にとっての罰ゲームかと思ったものでした。

そして、いよいよ試食の時間。

これが、実にうまかった―。完食する私の目の前に、誇らしげな今中投手の顔がありました。

39
80

練習の虫だった大豊泰昭さん

塩見啓一

現役時代の大豊泰昭選手は、練習熱心で有名でした。とにかくどこでもバットを振る。オフのゴルフコンペに行っても、必ずバットを持ってきて、素振りをしていました。ゴルフは付き合いだから適当にやるけれど、野球は仕事だからいつなん時でもやる、というのがモットー。

ある時、大豊選手とプライベートで一緒にゴルフをすることになりました。ところが、待てど暮らせど、大豊選手はやってきません。

「おかしいなあ。もうそろそろ、スタートの時間なのになあ」

皆が心配をしはじめた時、突然、大豊選手がやってきました。聞けば、カーナビを見ながら来たのに、ゴルフ場の近くになると道がわからなくなって、結局ぐるぐるとゴルフ場の周りを回っていたそうです。

スタートの時間が迫っていたので1番ホールに行くと、やおら大豊選手がバットを取りだし、ブンブンと振り始めました。そうです。ゴルフ場でもバットを振るのは、彼のルールなのです。ちょっと呆れてしまいました。

しかし、すごいのはここからです。バットをゴルフクラブに持ちかえて、直ぐに打ちました。

普段はゴルフクラブの素振りをしてから打つのですが、それではみなを待たせることになるので、そのまま打ったのです。

結果はとんでもない打球になりました。重い野球のバットを全力で振ってから、軽いゴルフクラブに持ち変えて、上手く打てるはずがありません。それでも大豊さんは、「わっはっは」と笑い飛ばし、気にも留めない様子。その後も、少しでも時間を見つけてはバットを振っていました。

一緒に回っていた私たちも、だんだん慣れてきました。そうです。大豊さんのお仕事は野球なのです。ゴルフは遊びだから適当でいいのです。結局、大豊さんがナイスショットを打ったのは最終の18番だけでした。それは、大豊さんのホームランのようにきれいな打球でした。

ゴルフが終わってからは、さすがにバットを振らなかった大豊さんに、何故か安心しました。きっと家に帰ってから、思う存分振っていたのでしょう。

40
80

気は優しくて力持ちよく食べる方でした…大豊泰昭さん

高田寛之

担当したラジオ・テレビ番組で、大変お世話になった方です。オフになると、番組ゲストの常連でした。15年以上前、「サンデードラゴンズ」で「小松二世を探せ！」というコーナーがありました。近郊の球の速い中学生の投手を探して、小松辰雄さんが評価、「小松二世」を認定するというコーナーです。野球経験のないワタクシが捕手を務め、速いボールを捕れず、途中で野球経験のあるディレクターに替ってもらう…、というのがお約束でした。

その日は、中学生時代の堂上剛裕選手と、小学生時代の直倫選手が「小松二世」候補でした。当時、父親の堂上照さんが寮長をしていたこともあり、ロケ場所は旧昇竜館に隣接していた名古屋市西区堀越のドラゴンズ屋内練習場でした。

確か1月ごろで、底冷えのする寒い日でした。

剛裕くんに1、2球投げてもらい、ワタクシの「もう痛くて捕れません」の泣きが入ってロケは進みましたが、その日は野球経験のあるディレクターがお休みでいませんでした。小松さんも「俺も捕りたくないよ」となって、キャッチャーがいなくなってしまいました。

困り果てたスタッフに、自主トレに来ていた大豊泰昭さんが「キャッチャーやろうか?」と声を掛けてくれたのです。ロケが成り立たなくなる危機でしたが、大豊さんのおかげで回避することが出来ました。おまけにノーギャラだったのではないでしょうか…。

その大豊さんが、97年オフにトレードで阪神に移籍することになりました。トレードが決まり、挨拶に訪れたナゴヤ球場で、大泣きして別れを惜しんだのは、球場で掃除やお茶の面倒をみていたアルバイトのおばさんたちでした。何人も涙を流しながら「がんばってね」というおばさんの姿に、大豊さんももらい泣き。誰からも慕われた、大豊さんらしいエピソードです。

よく練習し、よく食べる、という昔堅気のプロ野球選手でした。遠征先で何度かご一緒しましたが、驚くほどよく食べました。豚しゃぶをご一緒した時には、肉のおかわりで大皿が何度も往復し、冗談ではなく一頭分食べたような感じでした。

当時、チームメイトだった彦野利勝さんによると、外食したらメニューを上から下まで全部注文するほどで、それをきれいに平らげていた、とのことでした。お酒は、ビールと梅酒が大好き。目の前で、梅酒の１ℓ瓶を６本空けたこともありました。
昨年鬼籍に入られましたが、思い出すと笑顔になるエピソードの多かった方です。

41/80

「大丈夫」の言葉もでっかい大豊泰昭さん

宮部和裕

昨年1月、何度も病魔と闘った末、お亡くなりになった大豊泰昭さん。台湾からやってきて、名古屋商科大学へ。そして球団職員を経てのドラゴンズ入団。一本足打法にも挑戦した、本塁打と打点の二冠王です。ボクにとっても少年野球時代からの憧れの方でした。51歳の若さでこの世を去られましたが、憧れの大豊さんと番組で共演できたことは、一番の想い出です。

現役時代、毎春の沖縄キャンプでは、当然のように朝から晩まで猛練習。束の間の沖縄の夜。取材滞在中のボクは、解説者としてお世話になっている彦野利勝さん行きつけのカラオケスナックへ。彦野さんは抜群の歌唱力で、現役時代からシーズンオフの野球選手の歌合戦番組で賞を総なめ、キングレコードからシングル曲をリリースしたほど。彦野さんと食事を済ませ、泡盛で乾杯。ほろ酔い加減で、恩納村のスナック「ムーンライト」へ。

「まずは、宮部から唄えよ～」なんて、勢い勇んでお店の大きな扉を開けますと、なんと！目の前で、ママさんと大豊さんが寄り添うようにチークダンスをしているではありませんか。その瞬間の頭上ミラーボールのなんと眩しかったこと。

思わず、バタンっと扉を一度閉めてしまった彦野さんの表情、今でも忘れられません。

あの時落ち着き払った大豊さんが呟いた、「彦には、歌だけは敵わないから」というよく分からないフォローもまた、忘れられません。

そしてもうひとつ。場所は同じく沖縄。引退後の2004年2月1日。大豊さんはアジア担当スカウトとして、あのチェン・ウェイン投手（現米大リーグ・マイアミ・マーリンズ）を故郷・台湾からドラゴンズに入団させました。ちょうどその日は、CBCテレビ「ニュースな日曜日」の生中継で、レギュラーコメンテーターとしての出演日。大豊さんは球団に許可を得て、キャンプ中にも関わらず生出演。チェン投手の魅力をご紹介いただき、無事オンエア終了。

ところが直後、大豊さんは、落合新監督に呼びつけられお説教。監督の立場からすれば「来日したばかりの青年の練習初日に立ち会わず、テレビに出ているとは」という心情も、ごもっとも。出演依頼をしたわが局としても、諸条件がクリアできていたとはいえ、大豊さん自身を板挟みにしてしまい、申し訳ないことをしてしまいました。

ボクも出演者として、大豊さんに頭を下げるしかありません。当然、大豊さんからすれば文句のひとつも言いたくなるところ。なのに大豊さんは、ひと言。

「宮、俺は大丈夫。それより俺は、チェンという投手をファンのみなさんに早く知ってもらいたかったから、大丈夫」

気は優しくて力持ち。晩年は、岐阜県海津市のお千保稲荷の参道で「大豊ちゃん」を経営し、特製のジャンボ棒餃子を台湾と日本の架け橋に、との願いを込めて、店の軒先に立ち続けました。病魔に負けず、「大丈夫」と笑顔を絶やさなかったでっかい大豊さん。微力ながら、ボクも実況中継の中で、未来の大豊選手を探します。

お千代保稲荷の「大豊ちゃん」で記念撮影した思い出の一枚

42

80

韓国のスーパースター 宣銅烈さん

高田寛之

韓国から鳴り物入りでドラゴンズに入り、１９９９（平成11）年の優勝に大きく貢献した宣銅烈さんも、入団１年目の96年にはわずか３セーブ、防御率５・50と不振にあえぎました。韓国プロ野球からは初の日本プロ野球選手ですので、宣さんの失敗は、すなわち韓国プロ野球の評価を下げることにつながります。

その年のオフ、宣さんは「日本の文化を理解して、溶け込む努力をしないと、日本では活躍できない」と、日本語を学ぶ決意をします。宣さんほどのＶＩＰ待遇で来日した外国人選手には、通訳、家、食事など、全てにおいてのサポート体制が整っています。しかし、バリバリのメジャーリーガーでも、日本での生活に耐えられなくて、結果を出せず帰国した選手は何人もいます。

ほどなく日本語を苦もなく操るようになり、２年目は38セーブの大活躍、引退の99年まで、安定感抜群のストッパーとして君臨しました。３年目には中日スポーツの野球の記事なら、辞書なしでも理解できたといいます。一応、宣さん専属の通訳はついていましたが、その方よりも日本語が上手になっていきました。取材中、通訳が日本語訳を間違えると、宣さんが「そうじゃなくて…」と訂正することもあったぐらいです。

韓国球界から初のプロ野球選手が成功したことで、その後、何人もの選手が韓国から日本へ渡り、成功を収めました。その後、韓国で監督として活躍した宣さんは、積極的に日本プロ野球からコーチを招へいし、人材交流を盛んにしました。日本語が完璧ですので、コーチ陣もコミュニケーションに困ることは全くなかったといいます。選手時代の実績もさることながら、日韓の懸け橋としても活躍した姿が印象に残ります。

２０１１年、韓国・三星ライオンズで投手コーチをしていた落合英二さんを訪ねて訪韓した際、当時評論家として活躍されていた宣さんと食事をする機会に恵まれました。ソウル郊外の海鮮料理屋さんで、これまで見たこともない豪華な刺身に、山盛りのアワビ！　歓待するときは徹底的に…、というのが韓国流だそうで、その日はすっかり宣さんにご馳走になりました。

「現役時代、いろんな監督のもとでプレーしたけど、やっぱり一番は星野仙一さんだね。監督のときはいつも『星野さんならどうしていたかな』と考えながらやってたよ」と、かなり意識しているようでした。今は野に下っていますが、近いうちに必要とされる方です。代表監督となって、侍ジャパンに立ち向かう日もそう遠くないでしょう。

43
80

セットアッパーへの道

前田幸長エピソード　その❶

角上清司

若いころは〝エイヤー〟、と勢いだけで投げていたという前田幸長投手。ロッテでは2年目からローテーションを任されていた。ところが、6年目あたりから勝ち星が減り8年目の1996（平成8）年にドラゴンズに移籍。その年7勝を挙げ、復活を遂げたかに思われた。

しかし翌年、開幕から勝ち星に恵まれず4月を0勝で終え、迎えた5月1日浜松球場での広島戦。先発するも立ち上がりから制球に苦しみ、初回から5つの四球を与え1回持たずにまさかのKO。もともと剛速球を投げるタイプでもなくコントロールもよくなかった前田は、その後も苦しんだ。結局、その年はなかなか勝てず2勝13敗と無残な結果に終わってしまった。

先発で思うようなピッチングができず、勝ち星が伸びなかった前田は広島市民球場のトイレで、たまたま横に立った星野仙一監督に悩みを打ちあけた。

「僕はこの後、どうすればいいのでしょう…」。やっと聞きに来たかと言わんばかりに、星野監督は間髪を入れず「中継ぎになって、球種を増やし、すべての変化球でストライクが取れるようにしろ」。

その一言が彼に新たな生きる道を照らしだした。もともとナックルボールやカットを投げるなど〝七色の変化球を操る男〟といわれていた。元来器用な前田にとって、新しい球種を短期間でマスターするのは難しくはなかった。3種類のナックルボール、2種類のカットボールにスライダー、気付けば10種類近くの変化球をマスターするようになっていた。

プロ10年目の98年は2軍スタートも、夏前から変化球を打者に対して有効に使えるようになり、1軍に復帰。後半戦からセットアッパーとして存在感を見せはじめた。変化球の種類を増やしただけでなく、いつでもどこでもストライクを取れる制球力を身につけていた。それまでと違う前田に、相手打者は翻弄された。その年、36試合に登板し防御率2・34の成績を残した。確かな手ごたえを感じた前田は、中継ぎという新たな道を切り拓いたのだった。

19年間のプロ生活の半分を、セットアッパーとして活躍した前田幸長は、こう言う。

「便利屋だったけど、逆境は進化をするチャンスなんです。中継ぎという生きる道を見つけられたから、長く選手でいられたんです。星野監督のあの一言がなかったら、今の僕はありませんでした」。

前田幸長エピソード　その❷

プロ野球選手は体力が一番！

高田寛之

前田幸長さんとは同い年です。高校3年生で夏の甲子園準優勝投手。ロッテにドラフト1位で入団。ワタクシにとりましては、光り輝くまぶしい存在です。そんな前田さんがトレードでドラゴンズに来ることになったのが、1995（平成7）年のオフでした。仁村徹さんらとの3対3という大型トレードでした。

ドラゴンズ入りが決まり、ナゴヤ球場にやって来た前田さんに、名刺を渡してご挨拶しました。当時、ワタクシは入社3年目のペーペー感丸出しの若手アナウンサー。前田さんはトレード入団の3人の中では、もちろん中心的な存在です。そこで恐る恐る同い年であることを告げると、急に親しげに「何？同級生（プロ野球界では同い年をこう表現します）なの？よろしくね～！」とニコニコ顔です。

それ以降、ずいぶん親しくしていただきました。当時新人選手だった大塔正明さん（00年に引退）にワタクシが似ていたこともあり、「ダイちゃん」と呼ばれていました（これは今もですが…）。遠征先で食事をご一緒することもあり、よく遊んでもらいましたねぇ。

ある広島遠征で、前田さんと朝まで遊んだことがあります。当時、チームには門限があったような…、まぁ時効ということで…。翌日はデーゲームでしたので、適当な時間に切り上げる予定でしたが、ついつい盛り上がってしまいました。

とりあえずホテルに戻り、ベッドもきれいなまま、シャワーだけ浴びて取材へ。まだ酒が残っている状態で、広島市民球場にフラフラで向かいました。

まぶしい太陽のもと、ウォーミングアップを始めるドラゴンズの選手をボーっと眺めていたら、選手の中から「あっ！出張先で朝まで遊んでるアナウンサーがいる！」と大声が聞こえてきました。声の主はもちろん前田さん。あまりにもヘロヘロだったワタクシは、返事をすることもできませんでした。前田さんはいつも通り練習をして、その日もリリーフ登板していました。後で聞けば、３日間ぐらいならほとんど寝なくても大丈夫だとか…。当然ワタクシは、徹夜の翌日は使いモノになりません。プロ野球選手の体力を思い知らされた遠征でした。

44
80

疲れ切った初勝利

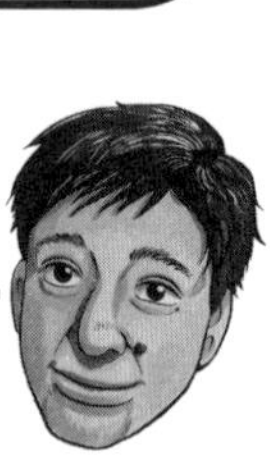

角上清司

「僕の初勝利は4月10日ですか、それとも11日なのでしょうか?」。試合時間は5時間46分。当時のナゴヤドームの試合開始は18時20分。試合が終わったとき、すでに日付は変わっていた。

1998(平成10)年ドラフト3位で社会人から入団した正津英志。開幕戦、中継ぎで早くも初登板が巡ってきた。しかし、先頭の広島・緒方孝市にいきなりホームランを打たれる悔しいプロ生活の第一歩となった。「ふわふわした気持ちでした」。試合後こう語っていた。4月9日には同期入団ドラフト1位・川上憲伸投手が初先発で初勝利をあげた。試合後「俺の勝利はいつかな、来年でも無理かな」なんて話を川上としていた。

しかしチャンスは翌日、10日に巡ってきた。ナゴヤドームの中日―ヤクルト戦、4対4の同点で8回からマウンドに上がった正津投手、緊迫した場面での登板に武者震いがした。気の強い正津にとって、自分をアピールする最高のチャンスとばかりに懸命に投げ続けた。延長12回にいったん勝ち越され気持ちがキレそうになるが、その裏、ゴメス選手の一打で同点に追いついてもらい、次の回もマウンドへ向かった。気力だけで投げていた。6イニングを87球、疲労困憊だった。

　そして延長13回中日の攻撃、1死満塁のチャンスにベテラン南渕時高が打席へ。ベンチの脇で見ていた正津は祈った。「頼むから打ってくれ」。南渕の打球はライトへ、みごとサヨナラヒットを放ち、中日が勝利！　打のヒーローの南渕がもみくちゃにされている横で、そっとウイニングボールを手にした正津。初勝利の喜びよりも、長いイニングを投げた疲れの方が勝っていた。正直、ほっとした一瞬だった。


勝利の余韻を楽しむ余裕もなく、疲れ切ったまま帰宅した正津だったが、疲れて眠りたいのに眠れない。結局興奮して朝まで眠れず、新聞が自宅に配達される前に、近所のコンビニエンスストアへ向かった。店にあった全てのスポーツ紙を買い、急いで自宅に戻り新聞を見ると…。自分の記事は載っていなかった。どの新聞にも正津の記事はなかった。日付をまたいでの勝利のため、早版には正津の勝利の記事が間に合わなかったのだ。ホッとしたのか、この頃ようやく眠気が訪れベッドに入った。

　昼前に目が覚め、自宅に届いていた遅版の朝刊を手に取り自分の記事を見つけた。この時、ようやく勝利を実感することができた。

45
80

井上一樹
涙のＨＲ

伊藤敦基

1989年のドラフト2位。井上一樹は投手だった。人懐っこい笑顔で優しい性格。ピンチの時に生身で敵に挑むことが求められる、投手向きの性格ではなかったかもしれない。90年からの4年間で1軍登板は9試合。白星を挙げることはできなかったが、数少ない公式戦出場で後のプロ野球人生を決定づける足跡を残した。初勝利より先に記録した初安打。しかもそれは2ベースヒットだった。高校時代から打撃には定評があり、2軍戦でも野手が足りない時には外野を守った井上。プロ4年目が終わったオフ、野手転向を決意する。

水谷実雄《じつお》。広島で江藤智、前田智徳、金本知憲。近鉄で中村紀洋を育てた打撃コーチ。98年からドラゴンズのコーチに就任すると、野手転向後もさらに4年間鳴かず飛ばずだった井上の指導を星野仙一監督から頼まれた。井上はよく練習する選手だった。練習をする体力があったから一切手を抜かない。でも悩んでしまうと、どこまでも深みにはまるタイプでもあった。接する時間は他の選手よりも自然と長くなる。そんな選手ほどコーチには情が湧いてくる。

最下位からの巻き返しを図った98年。4月末に1軍に昇格した井上は、すぐに巨人戦で本塁打を打つ。翌日には2ベースを2本。大活躍だった。しかしプロの世界はそれだけでは済まされない。光り輝いた者には闇が待っている。4試合連続でヒットを放った井上は敵チームからマークの対象となった。凡打が続いた。早く闇から脱しなければ生き残れない。水谷コーチも手を差し伸べて井上を闇から引き上げようとするが、悩むと長い井上の性分はどうにも変えられなかった。ノーヒットの試合は4試合に及んだ。

星野監督は、打撃オーダーを水谷コーチに任せていた。打てなかった翌日の試合も井上の名前が書いてある。「実《じ》っちゃん、もう一度考えてくれんか?」と突き返しても、まだ井上を外さない。「今日打てなかったら明日は使わんぞ」。渋々呑んで打席に立たせたが、この試合でも井上のバットから快音は響かなかった。週をまたいで北陸に遠征に出た。所が変わっても対戦チームが変わっても、井上だけは同じような凡退を繰り返す。

3連敗、直近6試合を1勝5敗で迎えた福井での阪神戦。21打席ノーヒットの井上の名前を書いた水谷コーチは一言加えた。「チームに迷惑かけられません。今日をラストチャンスにします」。

打てなければ2軍だった。5回にまわってきた第2打席。中込伸投手の球を捉えた打球は久しぶりの感触を井上の手に残し、バックスクリーンに消えた。勝ち越しホームラン!　何が何だか分からず夢中でベースを一周した。勝手に涙があふれ出す。ベンチの前では星野監督の横で、水谷コーチが出迎えた。顔を見ると井上の涙はもう止まらなかった。

その後も使われ続けた井上は、このシーズン１０７試合に出場。翌99年には開幕から21試合連続ヒットを放ち、チームのリーグ優勝に大きく貢献した。

46
80

ヤマサキ万歳　実況アナも万歳

1999（平成11）年9月26日。ナゴヤドーム最終戦の阪神戦。

この年、ドラゴンズは開幕11連勝。優勝して当たり前の空気があったが、2位巨人に追い上げられ、優勝へのプレッシャーが重くのしかかって、シーズン終盤を迎えていた。

2点をリードしたドラゴンズは、自慢のリリーフ陣、落合英二投手、岩瀬仁紀投手　サムソン・リー投手とつなぎ、9回表へ。ところが絶対的クローザーの宣銅烈投手が、9回2死から阪神ジョンソンに、まさかの逆転の3ランホームランを浴びてしまい、ドームは静まりかえる。

しかし、粘るドラゴンズは9回裏、ランナーを二人出して、打席には山﨑武司選手。この日ここまで、3打数無安打。

ナゴヤドームの熱狂的な盛り上がりのなか、真ん中ストレートを山﨑がフルスイング。打球は一直線に、レフトスタンド中段に飛び込んだ。山﨑は打席の中で本塁打を確信し、万歳ポーズと満面の笑

水分貴雅

みずわけ・たかまさ／1961年11月22日　三重県（北牟婁郡）紀北町生まれ津市育ち　三重県立津西高校→早稲田大学　1985入社　野球ラジオ、テレビ中継担当、ラジオ初実況の先発は山本昌　過去に中日クラウンズゴルフで石川遼の世界最小ストローク58での優勝を実況。サッカーJリーグ、世界陸上中継など
趣味：ゴルフ、カラオケ、歌舞伎鑑賞

顔。ラジオ実況の私は「打った〜」と大絶叫して立ち上がり、やはり万歳ポーズ。
「レフトへ、伸びた、伸びた、伸びた、入った！　山﨑逆転サヨナラ3ラン」

山﨑は打席で万歳をした後、腕をぐるぐる回した。自軍ベンチに自分の存在感をアピールするガッツポーズで、「見たかっ」と叫んだように見えた。ここまで本塁打を量産できず、打率も今一つ。チームが優勝に突き進んでいても、もやもやした気持ちを拭い去れないなかでの貴重な一打。打った歓喜よりも、自分の存在感を取り戻すことができた満足感が大きかったようだ。

ラジオ実況の私は、ホームラン描写のあと「やったぞ、ヤマサキ」と絶叫。山﨑の身体からほとばしり出たエネルギーが、実況にも最高のパワーを与えてくれた。

後にも先にも、実況中、立ち上がり、両手を突き上げて放送したのは、この時だけ。それにしても、マイクコードが切れなくてよかった。ディレクターとミキサーの技術さんを、ドキッとさせてしまった。ベンチで出迎えた星野仙一監督は、山﨑を抱きかかえて涙。

99年ナゴヤドーム最終戦。試合終了と同時に、優勝を確信したファンが投げ込んだ5色のテープの鮮やかさと量の多さが、今も忘れられません。

ナゴヤドームのCBC実況席で

47
80

他球団で奪ったレギュラー 田上秀則さん

高田寛之

ドラフト取材では、空振りに終わることが多いワタクシ。せっかく遠方の学校に取材に行っても、ドラゴンズのくじが外れてしまい、取材もせずに名古屋へUターンというケースが多く、残念な思いをしています。

1999年河内貴哉投手（国学院久我山→広島）、07年由規投手（仙台育英→ヤクルト）、15年高橋純平投手（県岐阜商→ソフトバンク）と、他球団と競合したら、1度も当たっていない「疫病神」なのです…。

学校で取材できた数少ないケースの一人が、田上秀則選手です。九州共立大からドラフト3巡目で中日に単独指名され、喜びの声を取材させてもらいました。

残念ながら、ドラゴンズでは谷繁元信捕手の厚い壁を乗り越えることができず、在籍4年間でわずか通算13試合出場の2安打。失意の中で、05年シーズンを最後に戦力外通告を受けたのでした。

個人的なお付き合いもありましたので、「お別れ会」をしよう！ということになり、名古屋市内でささやかに開催した酒席でのコト。

「飲食店をやろうと思うんですよね…」「でもトライアウトは受けようか、とも思うんですけど…」。本人も野球を続けるかどうか、かなり迷っている様子でした。

生半可なアドバイスはとてもできませんので、他愛もない話で酒を飲んでいると、突然「彦野利勝さんに打撃を見てもらうことはできませんかね？」と一言。聞けば、中日在籍時にコーチや先輩から「お前の打撃フォームは彦野さんに似ている」と言われていたらしく、トライアウト受験の際には、一度見てもらいたいと思っていたようです。

当時彦野さんはＣＢＣの解説者。田上選手はドラゴンズからすでに戦力外となった立場で、練習を見てもらうことに支障はありません。彦野さんに連絡を取ると、後輩の苦しい立場を理解し、快諾してくれました。

当日は素振りからみっちりとアドバイスをもらい、吸収することがいくつもあったようです。彦野さんに打撃を見てもらったのはわずか1回だけでしたが、その後受験したトライアウトでソフトバンクの目にとまり入団。レギュラー捕手・城島健司選手の大リーグ挑戦で捕手が不足した事情ともマッチしたようです。

福岡での1年目から出場機会も増え、中日時代とは見違えるほどの活躍を見せるようになりました。

そして09年には26ホームラン・80打点の活躍でベストナインを獲得！当時は「なんで田上を（戦力外にして）出したんだ！」というドラゴンズファンの声も、よく聞きました。結局、中日時代の倍にあたる8年間をソフトバンクで過ごし、13年を最後に引退しました。

引退後、球団スタッフへの転身も打診されましたが、故郷・大阪に帰り、中日当時から選択肢に入っていた飲食店オーナーとなって、大阪市内で忙しい日々を送っています。

先日、電話で話をしましたが、「やりたい仕事だったんで充実しています！」と元気な声でした。今はすっかり昼夜逆転の毎日のようですが、第2の人生を頑張っています。今度、遊びに行かないといけませんね〜。

48
80

佐藤充投手がみせた輝き

水分貴雅

記憶に残っているだろうか。2006(平成18)年、ドラゴンズの投手陣は充実し、4試合連続完封勝利という、プロ野球タイ記録を作ったことを。その4試合目、5月18日のオリックス戦で勝ち投手になったのは、プロ3年目28歳の佐藤充投手、通称「カバちゃん」だった。

この年、佐藤投手は5月11日の札幌ドームの日本ハム戦に2度目の先発を果たすも、初回早々に打ち込まれ、いきなり3失点。森繁和投手コーチに「2軍行きだ、今日は練習させてやるからこの後も投げろ」と厳しい指示を受けた。しかし、気持ちを切り替えると、2回から5回まで無安打の見違えるような投球をみせた。首脳陣は予定を翻し、次回の先発チャンスをつかむ。

迎えたセ・パ交流戦のオリックス戦は、既述の通りドラゴンズの3連続完封勝ちで迎えた試合。登板日、練習中に山本昌投手から「記録は意識するなよ、リラックスして」。「はい！ えっ？」。そこで大記録がかかっていたことを初めて知ったが、シーズン未勝利で、自分のことで精一杯。とにかく無我夢中で投げた試合は、ワンチャンスをものにしたドラゴンズが、1対0で勝利した。佐藤投手は9

安打されたが、8回を無四球0点で切り抜け、勝ち投手に。試合時間わずか2時間12分の、テンポの速い試合だった。

ここから佐藤投手の活躍は続き、2完封を含む8連勝。交流戦5勝全勝で、交流戦最優秀選手賞を獲得した。このシーズン9勝をあげて、優勝に大きく貢献した。前年、ドラゴンズは初めて導入された交流戦で大失速しただけに、佐藤投手の活躍が光った。当時を「ドラゴンズの守備は日本一でした。テンポよく投げればアウトにしてくれる、と信じて無心で投げていました」と振り返る。

佐藤投手のプロ生活1年目は、ヒジの故障に苦しみ、2年目の2005（平成17）年は手術しリハビリの毎日。ようやく復活への道をかけてマウンドにあがったのは、05年シーズン終盤の甲子園での阪神戦。苦しい投球だったが、5回を2点で切り抜け、プロ初勝

4試合連続完封勝利の見出しがおどる「中日スポーツ」を手にした佐藤充投手（左）と

利。この試合に、当時交際中の彼女を呼んでいた。

リハビリが報われた思い出の登板で、その雄姿を初めて彼女見せることができた。翌年の大活躍の序章ともなった、佐藤投手には何にも代えがたい宝物の1勝になった。

その彼女とは、当時「サンデードラゴンズ」を担当していた、CBCアナウンサーの占部沙矢香さん。その後にめでたく結婚し、現在は2人の子宝にも恵まれている。現在、佐藤さんは、スカウトとしてドラゴンズの未来を切り開く素材を発掘すべく、尽力している。

49
80

人生の岐路

角上清司

大学で野球をやるつもりはなかった。「高校時代レギュラーをとったのだから大学は野球推薦で進学をして」と、簡単に考えていた渡辺博幸は、不合格の通知を突き付けられ野球をあきらめようと思っていた。「とにかく大学には行かねば」。そこから一般推薦に向けての勉強が始まった。夏休み明けから学校に行かず、図書館に入りびたり1日10時間近くの勉強漬けの日々。両親には学校へ行くと嘘を言い、弁当を持っての図書館通い。学校に来ないことを心配した担任の先生が自宅に連絡をするが、両親も学校に行っているものだと思っているから居場所がわからない。

野球推薦の不合格で、全てが嫌になって登校拒否になったのでは、と心配する先生・両親から説明を求められ、図書館での勉強を伝えた。渡辺は、両親に金銭面で負担を掛けたくないという思いで図書館に通っていたのだ。全てを知った先生は、渡辺の図書館での勉強を応援してくれるようになった。これまでで、一番勉強をした時だそうだ。

猛勉強の甲斐あって、系列の大学に無事合格した渡辺に、高校の野球部の監督は「大学では真剣にやらなくてもいいから野球部には入れ！　就職に有利だから」とアドバイスした。大学で野球をやるつもりはなかった渡辺は、監督の教えを守り野球部に所属した。平日は授業とバイトを満喫し、土日だけ野球部のグラウンドに行き球拾いをするという学生生活を送っていた。

転機が訪れたのは、2年生の秋だった。サードのレギュラー選手がアキレス腱を断裂。「サードができる奴は入れ！」。たまたま居合わせた幽霊部員の渡辺は、その輪の中に入りテストを受けた。周りは甲子園経験者などの野球推薦で入学した精鋭たち。大学に入ってからまともにバットを振ったことも、守備にもついたこともなかった渡辺に、他の選手は「あいつは誰だ？」と言わんばかりに怪訝そうな表情で視線を送っていた。ところが、がむしゃらではなく、軽い気持ちでテストを受けたのが功を奏したのか見事、サードのポジションをつかんだのである。周りからは、なんであいつなんだ？そんなふうに言われたが気にすることもなく、この日を境に再び野球三昧の日々が始まった。

その後社会人を経てドラゴンズに入団した渡辺は、しみじみと語ってくれた。「プロに入るときも悩みました。社会人を続けているほうが、安定した生活を送れるのでは、と。でも、リストラで仲間のほとんどが野球をやっていないんですよね。一つのきっかけに逆らわずに進めば、道って拓けるのですよね。本当に僕は、恵まれた野球人生を送って来ました。高校で野球をやめていたら、勉強をやらなかったら、今の自分はなかったんですね」。

50
80

リリーフの仕事

小林正人

若狭敬一

投手分業制が導入されて久しい日本球界。ペナントレースを制するには、強力なリリーフ陣が必要不可欠です。リリーフには抑え、セットアッパーだけではなく、リードされている展開で投げる投手もいるなど、実に様々な仕事があります。

そんなリリーフ投手には、投げる以外の仕事もあります。例えば、マウンドに上がる直前の投手に、ブルペンで水とタオルを差し出す仕事。これは「力水」と呼ばれ、ドラゴンズリリーフ陣に受け継がれてきた伝統のひとつです。その他にも、極めて重要な仕事があります。それは、実況。実況といっても、われわれアナウンサーのように細かくプレーを描写する必要はありません。ブルペンで肩を作っている投手に、グラウンド状況を伝えるのです。ナゴヤドームを含め、ほとんどの球場のブルペンは屋内にあるため、リリーフ投手はグラウンドの状況が分からないまま投球練習をしています。そこで、ブルペンにいる若手がモニターを見ながら、バッターの結果、アウトカウント、ランナーの有無などを、大きな声で伝えるのです。

事件は、2005年6月5日に起きました。ナゴヤドーム、中日—日本ハム6回戦です。この日、先発の山本昌投手が大乱調。新庄剛志選手とセギノール選手に3ランを浴び、3回を終わって6対0と大量リードされます。2番手は川岸強投手。2イニングを無失点に抑え、ゲームを落ち着かせます。すると5回裏に打線が奮起。なんと打者11人を送る猛攻で、一挙7点。7対6と大逆転に成功しました。こんな時は、バタバタです。ブルペンでは負けゲームで投げる投手がスタンバイしていましたが、急きょ勝ちゲームに投げる投手が用意します。8回表が終わって、そのまま7対6。いよいよ最もブルペンがピリピリする、「1点リードの8回裏」を迎えたのです。

ブルペンで黙々とピッチングを繰り返すのは岩瀬仁紀投手。絶対的守護神の準備中は、究極に空気が張り詰めます。静まりかえるブルペン。パシン！パシン！小気味よいミットの音がこだまします。この日はすでに五人の投手が登板しており、ブルペンに残っている者はわずか。この場面での実況担当は、プロ3年目の小林正人投手でした。小林投手は、数日前に初めて1軍登録されたばかり。「岩瀬さんがマウンドに上がる前と後では、雰囲気が全然違っていました」と、当時を振り返ります。

8回裏、中日の攻撃は6番のアレックス選手から。日ハムも1点差ということで、守護神の横山道哉投手が登板。結果は2球目を打ってサードゴロでした。「サードゴロ、1アウト。ランナー、ありません！」。小林投手が大きな声で伝えます。続く打者は、7番・森野将彦選手。初球から手を出しました。「センターフライ。2アウトランナーありません！」。実況は順調です。そして、8番・谷繁元信選手。2ボール1ストライクからの4球目でした。打球はレフトへ。白球はグラブにおさまりました。と、その時です！

「レフトフリャ〜、3アウト！」

そうです。痛恨のあま噛みです。「レフトフライ」を「レフトフリャ〜」と言ってしまったのです。しかし、投球練習に集中している岩瀬投手は、全く気付いていませんでした。そのまま力水を口に含み、9回表のマウンドへ。きっちり無失点に抑え、16個目のセーブを記録。川岸投手には、嬉しいプロ初勝利が舞い込んできました。

「完全に噛みました。自覚あり、です」と頭をかく小林投手。「ただ、岩瀬さんにばれなかったので大丈夫かな、と思ったんですが、ダメでした」。小林投手の大失態を聞き逃さなかったベテランがいたのです。落合英二投手でした。「おい、コバ。お前、今、何て言った？」。「すみません。レフトフリャ〜です」。「エビフリャ〜じゃねぇんだよ！」。「すみません」。「いいか、俺たちの時ならまだいい。でも、岩瀬の時はあかんぞ！」。落合投手は続けます。「お前、そんなんじゃ、明日抹消されるわ」。すると、ブルペン担当の近藤コーチが、焦ったように落合投手を呼びました。そして、ひそひそと「英二。コバは明日抹消されるって、もう決まってるんだ。そんなこと言ったら、滑舌のせいかなって思うよ」。

翌日、小林投手は予定通り登録抹消。プロに入って初めて1軍登録されたにも関わらず、1試合も投げないまま再び2軍へ。厳しい世界です。

そんな小林投手は2年前に現役を引退し、現在は1軍広報として活躍しています。今は試合中に、ベンチリポーターへタイムリー談話を伝える仕事などをしています。「先ほどの平田のタイムリー談話ですが、打ったボールはストレート。とにかくランナーを返したかった…」。

「レフトフリャ〜事件」から10年余り。小林広報の滑舌、今はバッチリです。

家族を大事にする
プロ野球選手
たぶん、サラリーマンよりも…
小林正人さん

高田寛之

2014年まで、左キラーのリリーフとして貴重な活躍を見せた小林正人さん。現在は球団スタッフとしてドラゴンズを支えています。そんな小林さんが現役時代のおハナシ…。

ワタクシとは自宅が近く、家族構成もよく似ています。同い年の子どもがいて、同じ幼稚園に通っていて、同じクラスになったこともありました。最近の幼稚園は家族参加型のイベントが多く、ワタクシはパスすることが多いのですが、小林さんは「行けるときは行く」タイプのようで、出席率は高かったように思います。

子どもが同じクラスだったころ、父の日に合わせて「父親参観」なるイベントがありました。その日はナゴヤドームでナイターの日でした。参観は午前中で終わりますので、出席してからドームに行けば間に合うのですが、たまたまその日がラジオの実況担当でして、それを理由にワタクシはパスし、嫁ハンに任せてしまいました。

小林さんはリリーフピッチャーですから、試合に投げなくても毎日ブルペンでスタンバイです。さすがに参観には来ていないだろうと思ったら、きっちり出席して子供と一緒に七夕の短冊を作ったそうです。帰宅した嫁ハンは「小林さんいらしてたよ！来ればよかったのに！」と。

ワタクシは昼すぎにノコノコとナゴヤドームへ。気まずい思いで小林さんに挨拶すると、「来られていると思ったんですが、お仕事忙しいんですね」と言われ、さらに気まずい思いに…。

しかも、試合は僅差のリードになり、小林さんにも出番が巡ってきました。朝から父親参観に出ていたにも関わらず、きっちり抑えて勝利に貢献！まさに「公私ともに」責任を果たしたのでした。実況のワタクシは贖罪の意味も込め、いつもより力を込めて実況させていただきました。

52/80

私の外国人助っ人烈伝

宮部和裕

私の少年時代、覚えている中で一番インパクトがあった助っ人外国人は、チャーリー・スパイクス外野手（１９８１年在籍）。メジャーではヤンキースのドラフト1位で「ドラゴンズ史上最強助っ人」の触れ込みだったと記憶しています。

ただし、ナゴヤ球場で放った本塁打は、たったの1本。その打球を私、レフトスタンドで目の当たりにしているんです。５列ほど前のおっちゃんが嬉しそうに掴み去っていったのをはっきり覚えてます。

後に活躍できなかった理由を知ったのは、ＣＢＣに入社してから。あるＯＢの方から教わったのですが、彼は古傷の膝にボルトが入っていて、それをひた隠しにして来日し、残念な成績に終わったとのこと。名前はめちゃくちゃ打ちそうな響きだったんですがねえ。

続いて、ケン・モッカ内野手（１９８２—85年在籍）。ご存知、昭和57年のＶ戦士。外野スタンドの私たちは、応援団のリードでミッキーマウスのテーマ曲の替え歌で、「Go Let's Go モッカ　Let's

Go♪」と応援してました。ただ、このメロディーは、阪神ファンにとっては真弓選手のテーマ曲であり、クラスでよく論争になりました。

勝負強い打撃と、サード前に転がった打球を素手でとって一塁へ送球する姿に憧れました。当時から、とにかく真面目な選手という印象があったのですが、小松辰雄さんに伺うと、やはり、チームに打ち解けていて、シーズンオフには、選手同士のマージャンを背後から見ていてルールを覚え、卓を囲んで楽しんだそうです。そして、契約満了で帰国するラストゲームでは、小松さんの音頭で、モッカ選手を胴上げしたそうです。胴上げされる外国人、後にも先にも珍しいですね。

中

学時代の最強外国人は、ゲーリー・レーシッチ外野手（1986—88年在籍）。野球の本場からやってきたプライドもあるだろうに、落合博満さんに教わった神主打法にモデルチェンジしたのにはびっくり。当時は、宇野勝さんとクリーンナップが3人とも神主打法で、バットをカクンと下げていたのには、二度びっくりしました。

同じく大好きな左打者だったのが、マーク・ライアル外野手（1991—92年在籍）。当時のナゴヤ球場の場内アナウンスは、松原さんという美声の女性が務めていたのですが、ライアル選手のコールだけ、いわゆるカタカナ読みではなく、ネイティブな発音なんです。特にRの発音が。後に、松原さんに直接お聞きしたのですが、「ライアル選手本人がえらくお気に入りだったから」とのこと。当時は、球場現場ならではの発見にワクワクしてました。

好成績を残していたライアル選手ですが、短期間ケガをして休んでしまった時、球団はアロンゾ・パウエルという選手を獲得します。当時の外国人枠のこともあり、ライアル選手は退団となってしまいました。子供ながらに寂しさいっぱいだったのですが、その後のパウエル選手の3年連続首位打者獲得には、あっぱれでした。

私がアナウンサーになってから出会った最強外国人は、タイロン・ウッズ内野手です。２００６年の逆転優勝を決めた東京ドーム、延長戦での満塁本塁打。ベンチ前で落合博満監督と抱き合ったシーン。優勝インタビューで落合監督に「涙もろいもんで…」と言わしめた活躍、忘れられません。その直後、赤坂プリンスホテルでのビールかけの歓喜。私は現場中継を担当していたのですが、約束通り、彼は真っ先にマイクの前に。私のつたない英語でのインタビューに、ぶっかけビールで答えてくれました。

さあ、今季は外国人選手が7人もの大所帯になるとのこと。賑やかなムードで、どんな規格外さんとの出会いがあるのでしょうか。楽しみです。

2006年のリーグ優勝時には歓喜のビールかけを実況

III
CBC 解説者篇

53
80

終わりよければ小松辰雄

塩見啓一

1982(昭和57)年といえば、ドラゴンズが8年ぶりに優勝を飾った年。優勝を決めたシーズン最終戦のその映像が出てくるたびに、完封した小松辰雄投手のアップが出てきます。小松さんいわく「あの年は、あの映像だけ見ているとメチャクチャ自分が活躍したように思われるけど、実は全然ダメだったんだ」。

この年は、小松さんがリリーフから先発に転向して2年目。エースと呼ばれるようになっていました。ところが、開幕の広島戦。小松投手はメッタ打ちをくらい、2回途中に降板。しかも右太ももも負傷で、いきなり戦線離脱してしまったのです。

「それからずっと投げられずに、シーズン終盤まで来ちゃった」

そのシーズン終盤に山場はやって来ました。9月28日の巨人戦で、巨人のエース・江川卓相手に、4点差をひっくりかえしての勝利でチームは勢いに乗ります。

10月に入って13試合を残していたドラゴンズは鈴木孝政、都裕次郎、三沢淳、郭源治がフル回転したために、10月18日、マジック1で迎えたシーズン最終戦となる大洋戦は、先発投手がいない状態。ここで志願登板したのが、開幕戦以来の先発マウンドとなる小松投手だったのです。

小松、金沢次男の両先発で始まったこの試合。2回谷沢健一の先制アーチのあと、クリーンアップの連続タイムリーなどで8点をもぎ取り、投げては小松が散発の2安打完封、ドラゴンズが8年ぶりの優勝を勝ち取りました。

「だから、このシーズンは先発したのは2回だけ。しかも開幕戦はKO負け。ただ1度だけ活躍したのが最後の試合。それで胴上げ投手になったんだから、おいしいよなあ。しかも映像で何度も出てくるからねえ」

さすがは親分。持ってるものが違います。

54
80

小松辰雄伝説

〝スピードガンの申し子〟と呼ばれ、鮮烈なデビューを飾った小松辰雄投手は、1982（昭和57）年の横浜スタジアムで、リーグ優勝胴上げ投手を経験。2年後の85年、プロ野球人生の中で、もっとも輝いたシーズンを迎えていた。

数字成績だけでなく、8月末のゲームで〝ある感覚〟が芽生えたのだという。

「打者の考えが手に取るようにわかった」「投げる前に相手の狙い球が分かった」というのだ。投げる瞬間、打者が明らかに速いストレートを狙っていると感じると、わざとスピードを緩めて投げ込んだ。打ち気がなければ、ズバッとストライクを。打者は全くタイミングが合わない。自分のスイングをさせない。

それだけ小松投手の速球のキレがすごかったのだろう。ある意味、デビュー当時の150キロ超えのストレートよりも、打者は脅威を感じていたかもしれない。

水分貴雅

　この「神が舞い降りたような感覚」はシーズン終了まで続いた。事実9月、10月の小松投手の成績は、11試合に登板し7勝0敗1S。その間の自責点わずか2、という驚異的な数字。無敵に近い内容でシーズンを締めくくり、17勝を挙げて最多勝。その年の沢村賞を獲得した。

　当時新入社員の私は、ネット裏の片隅の放送席で実況研修中の身だった。地を這う快速球がうなりを上げ、ホップしながら捕手のミットに吸い込まれていく投球を見て、プロのすごさを目の当たりにしたと感じていた。当時の山本昌投手も、「小松さんの球はホームベースを通り越してどこまでも伸びていく勢いだった、とんでもない世界に来てしまった」と、感想を述べている。

　小松投手の「神感覚」は、翌年の開幕以降も持続。ところが春先の試合で打球が足に当たった瞬間、「打者の狙い球がわかる感覚は突然消えた」という。その年は故障もあり、7勝どまり。翌1987（昭和62）年は復調し、再び17勝を挙げて2度目の最多勝に輝いたが、「神」が舞い降りる感覚は、二度と戻らなかったという。

55
80

小松辰雄「本当のことだから仕方ないっすよ」

伊藤敦基

星野仙一から背番号20を受け継いだ小松辰雄は嬉しかった。杉下茂、権藤博、星野と、チームを背負ってきたエース列伝に自分の名が刻まれる。達成感よりも高揚感の方が大きかった。

エースの条件とは何か？　その答えは多岐にわたるだろう。

「負けられない試合には必ず勝つ」。小松の答えはこれだった。

連敗している時

優勝争いから離されてしまう時

優勝争いの相手を突き放せる時

門限破りを咎められなかった次の試合もそうだったらしい。深夜の東京・銀座を歩いていた時のこと。「あ、ドラゴンズの選手がいるぞ！」。どこの酔客かと声のする方向を見ると、声の主は星野監督だった。酔いはすっかり醒めて宿舎に帰った。カミナリを覚悟して翌日球場に出向くと監督は何も言わない。それに奮起した小松は次回登板で完封勝利してみせたのだ。

星野監督から全く怒られなかったわけではない。1イニングに3つエラーが出て点を失った時、もちろん小松の責任ではなかったが、ベンチに戻るとエースが怒られた。

「こんな時こそ0点で抑えろ！」

小松にはもう一つ忘れられない思い出がある。

足のケガで2軍落ちしていた時のこと。どうにか2軍の試合で投げられて1軍復帰間近、旧知の新聞記者が取材に来た。名も知らぬ選手たち相手に投げた昼間のナゴヤ球場、「スピードガンの申し子」といわれた小松にしては物足りない球速しか出なかった。右腕に込めた力を放つ先がジャイアンツのクロマティ、原辰徳、吉村禎章であれば、ボールはもっと唸りを上げたはずだ。

記者は本気になった時の小松のボールを知っていたから思わず口走った。

「2軍相手じゃ球も走らんだろ?」。「ああ…」

この会話が翌日の紙面に載ってしまう。

見出しは、

「小松2軍相手で本気出ず」

すぐに星野監督に呼ばれた。1軍昇格ではない。

「ワシらがどんな気持ちでお前を待っているか、分かっとんのか！」

蹴飛ばした監督室の机がスネを直撃。小松の足の患部が、一瞬だけ増えた。

件の記者は、何度も「小松を許して欲しい、自分が悪かった」と星野監督に詫びたという。しかし監督は頑として許さない。記者は今度は小松に詫びた。誘導尋問のような形から大きな話になったことが、申し訳ないと思った。

ところが小松は笑いながら「本当のことだから仕方ないっすよ」。

細かいことにこだわらない〝親分肌〟は、こんな時にも表れた。周囲の出来事に揺らがないのも、エースの条件なのかもしれない。

56
80

「不器用ですが…」小松辰雄さん

高田寛之

現役時代から〝親分肌〟の小松さん。若い投手からの信頼が厚く、特に後輩のキャッチャーは口を揃えて「小松さんに育ててもらった」と公言します。普段はぶっきらぼうで口数も少ない、決して言葉で後輩を納得させるタイプではなく、「背中で語る」タイプの方です。

ドラゴンズ時代の矢野輝弘（現・燿大）さんは、中村武志さんの二番手捕手でしたので、なかなか出番がなく、たまにスタメンのチャンスが来ると、「中村さんと違うリードをしないといけない」という思いが強すぎて、時にやってはいけない配球をしてしまい、その結果打たれてしまうことが多かったようです。

ある試合で小松さんと先発バッテリーを組んだ時、そのようなリードをしてしまい、打たれて負けた後のこと。矢野さん本人も「やってしまった…」と悔やんだまま、翌日の新聞に目を落とすと、小松さんの「打たれたのは全部オレの責任」とのコメントがありました。矢野さんはそれを見て「申し訳ない」という気持ちと、「小松さんが守ってくれた」という気持ちが交錯し、涙が出る思いだったそうです。

のちに小松さんにその話を聞くと、「そんなもん、サインに首を振ってないんだから、打たれたらピッチャーの責任に決まってるだろ。そうやって若いキャッチャーは成長するんだ」との答え。その思いを後輩に押し付けるわけではなく、結果を怒鳴りつけるわけでもなく、全て責任を一人でかぶり、後輩に気付かせる…。生き方としては不器用なのでしょうが、その生き方こそが、後輩に慕われるのです。

野球解説者生活も20年近くになりますね。われわれスポーツアナウンサーとのお付き合いでも〝親分肌〟です。ただ、口下手なのは選手時代と同じ。小松さんから「(中継)終わったらメシに行くか」とお誘いがあったら、なんとなく「話したいことがあるんだろうな～」と思い、食事の席で水を向けてみるのですが、小松さんからはいわゆる「仕事のグチ」などは、ほとんど出てきません。たぶん、不満はあっても我慢する。口に出すのはみっともない。そんな考えなんでしょうね。今はそういう大人が少なくなっているような気がします。

「サンデードラゴンズ」に出演中の小松辰雄さん

57/80

大胆さと緻密さ
吉と出たり凶と出たり
牛島和彦

若狭敬一

ズバリ、さわやか！　これがみなさんの抱く、牛島和彦さんのイメージだと思います。私も、全く同じ。「サンデードラゴンズ」でご一緒する時も、ナゴヤドームの放送席で中継する時も、やはり牛島さんはさわやか。笑顔が素敵な優しい方です。

しかし、牛島さんの現役時代の話を聞くと、牛島さんがいかに「大胆さと緻密さ」を併せ持つ人だったかが分かります。

何といっても、高卒3年目でドラゴンズの抑えを任された投手です。大胆さがなければ務まりません。また、牛島さんはプロ野球選手としては小柄で、手も小さく指も短い。決して剛速球でねじ伏せるタイプではなく、正確なコントロールと決め球のフォークを駆使し、打者心理を読んで理詰めで打ち取るタイプの投手でした。つまり、結論から逆算する緻密さを持っていたのです。そんな牛島さんの「大胆さと緻密さ」を表すエピソードをご紹介します。

1979（昭和54）年夏。すでに牛島さんは浪商のエースとして、全国にその名を轟かしていました。選抜で準優勝し、ドカベン香川伸行さん（故人）とともにアイドル的な存在だったのです。当然、夏も大阪大会を制し、甲子園へ出場するものと期待されていました。「勝って当たり前と思われるのはものすごくプレッシャーだった。肩やヒジ、腰も万全じゃなかったから、正直しんどかったね」と牛島さん。大阪大会は激戦区。優勝までの道のりは、決して平たんではありませんでした。

それでも浪商は勝ち進みます。準々決勝は、泉南高校を7対0で7回コールド。準決勝は、北陽高校を2対0。牛島さん、6安打14奪三振の見事な完封でした。そして、迎えた決勝戦。相手は小早川毅彦さんを擁する強豪・PL学園です。「体は限界だった」と牛島さん。ここからです。緻密さを持つ牛島さんは試合前、PL打線を打ち取る計算をしていきます。「強打のPL。この体の状態では、三振はほぼ無理。球数も少なくしたい。だから、打たせて取る。しかし、今のストレートでは、インコースは打たれる可能性が高い。だから、アウトコース中心に組み立てる。でも、ストレートだけでは厳しい。スライダーとのコンビネーションになる。ただ、ストライクゾーンだけでは勝負にならない。絶対ボールゾーンとの出し入れが必要」。決勝戦を勝つには、ストレートとスライダーの外の出し入れがポイントだと結論付けたのです。

「牛島君、頑張れよ」。声の主は決勝戦の球審でした。「さすがに春から何試合もやっているから、だんだん顔なじみになってくるのよ」と笑顔で振り返ります。牛島さん、ここからが大胆過ぎます。「すみません、今日ですけど、外にこれだけお願いできますか？」と球審に話しかけました。「これだけ」と言って、親指と人差し指で「ちょっと」という形を作ったのです。つまり、アウトコースのストライクゾーンを少しだけ甘めにして下さい、とお願いしたのです。ベテランのプロ野球選手ならまだしも、18歳の高校球児が甲子園を決める大一番の前に球審にストライクゾーンを広くとってくれ、とリクエストしたのです。大胆すぎます。

結局、試合は乱打戦の末に9対3で浪商が勝利し、甲子園切符を手にしました。体がボロボロだった牛島さん、さすがにPL打線には10安打を浴びましたが、与えた四球はゼロ。あの「ちょっと」のリクエストが奏功したのかもしれません。持ち前の「大胆さと緻密さと」が吉と出て、見事に甲子園出場を決めました。

浪商は、甲子園でもベスト4まで進出。最後は準決勝で、池田高校に2対0で惜敗しました。実は、この準決勝でも牛島さんの「大胆さと緻密さ」を表すエピソードがあります。

2点を追いかける浪商は、9回裏、無死一、二塁のチャンスを掴みました。打席には牛島さん。ここでベンチから伝令が飛んできます。「牛島、バントだ」。そう、監督の指示は送りバント。無死一、二塁を1死二、三塁にして、同点を狙おうという作戦です。しかし、牛島さんは、伝令の控え選手にこう言いました。「やかましい。黙って見てろ、って監督に言って来い！」。大胆過ぎます。高校野球の世界で、監督は絶対的存在。その監督のサインを無視した上に、「黙って見てろ」とまで言ってのけたのです。そんな高校生いますか？

「いや、もう限界だったのよ。あそこで同点にしたからって、どのみち延長戦で負ける。だったら、一か八か、9回裏で3点を取ってサヨナラにしないと勝ち目はない。それなら、バントしてアウトを1つ与えるよりもヒットでつなごうと。あわよくば、長打で一気に同点にして、なおもサヨナラのチャンスを作ろうと。その方が相手にもプレッシャーを与えられる、と思ったんだ」。浪商が勝つなら、逆転サヨナラ。そのためにはバントではなく、強攻。これが牛島さんの描いたシナリオでした。しかし、結果は6―4―3のダブルプレー。そのまま浪商は負けました。「大胆さと緻密さ」が凶と出たのです。

「しゃぁないやん。勝負やもん」と笑う牛島さん。その笑顔は、やはりさわやかでした。

「サンデードラゴンズ」に出演中の牛島和彦さん

58
80

炎のストッパー牛島和彦さんの涙

宮部和裕

「俺なんかの球威で生き残るには、いろいろ騙し合い、駆け引きせなあかんやろ」

と、ドラゴンズ１９８２（昭和57）年のV戦士・牛島和彦さん。いつもクールかつユーモアたっぷりにいろんなことを教えてくださいます。だからこそ、放送席からの解説は、苦労苦心する選手の機微が分かる、伝わるクレーバー牛さん。

私にとっては、実況中継デビュー、スポーツアナとしての初鳴きの恩人です。これまで牛島さんとは、どれくらい放送のお供をしたことでしょうか。昨年も印象深いシーンがありました。２０１５年９月21日、ジャイアンツとのシーズン最終戦。そう、小笠原道大選手のラストゲームです。

この日、スタメン一塁の小笠原選手。スタンドを沸かせに沸かせ、ついに最終打席、フルスイングした打球はレフトへ。古巣の後輩、亀井善行選手が懸命に追いかけファインプレー。すべてが小笠原選手らしいラストシーンでした。

そして試合後、両軍ナインがひとつになっての胴上げ。

目の前で起こっているドラマにさりげなく添えるように、牛島さんが語りました。

「今いるドラゴンズの若手は、この姿を見て、自分も引退試合をしてもらえるような選手になる！と感じてほしい」

そして、あれだけ常に冷静沈着の牛島さんの眼から、うっすらと涙が。

まさにですね、牛島さんにとっては、ご自身の経験から小笠原選手がトレードなどで移籍したことの難しさや気持ちが分かる。この胴上げは、ラスト侍・小笠原選手の日本ハム、巨人時代を含めた活躍への拍手であるだけでなく、明日からも続くドラゴンズというチームがどうあるべきかを問い掛けるもの。ひとつの時代が終わるなら、新たな誰かがスターへの名乗りを挙げてほしい。

その後、牛島さんご自身の引退試合のことを伺うと、なんと、あれほどのタイトルホルダーが、それらしきセレモニーなくユニホームを脱いだとのこと。

「俺の最後は、ケガばっかりで、あかんかったからな…」


いやいや。両リーグに渡って守護神として活躍、当時は、チームが負けていても登板し、最後まで投げ切るという過酷な救援投手だったのですから…。

失礼な聞き方をしてしまいましたが、だからこそ、引退試合という存在がもつ重みや、おそらくファンがイメージする以上に選手にとって価値の高いものであること、それが伝わりました。

牛島さんにとっての人生の節目はいくつもあったかと思いますが、ファンにとって大インパクトは、何といっても4対1という世紀の大トレード。わがドラゴンズから牛島、桑田、上川、平沼選手とロッテの三冠王落合博満選手。あの発表の夜、子どもながらに私は、「なんで牛島投手をっ！ しかも4人もって！」と驚き、プロって、勝つためには恐ろしいことをするんだなとも思いました。

そしてもう一つ、ベイスターズの監督に就任された時です。いうまでもなく、プロ野球の監督は、野球人口800万人といわれる中で、12人しかいません。私の願いはドラゴンズでしたが、監督としてのベンチ前での凛々しい姿、勝手ながら私まで誇らしくなりました。

監督という重責は相当なプレッシャー、激務だったことでしょう。そんな中、2シーズンを全うし、退任される直前のラスト名古屋遠征。左翼席のレフトスタンドに大きく掲げられた手作りの横断幕には、「牛島監督、Aクラスをありがとう！」。私は思わず放送席を抜け出し、その横断幕を畳む男性に会いに行きました。

今振り返れば、あの時も退任セレモニーはありませんでした。牛島監督としては、「それよりもあの年は、功労者の大魔神・佐々木に盛大なセレモニーをしてやれなかったことの方が、悔やまれるわ」としみじみ。こんな選手思いの指導者。もちろん現体制にエールを送りつつ、近い将来、牛島ドラゴンズの実現を願っています。

そして現役選手にとって最後のスポットライト、引退試合。

その時を迎える選手が出た時には、晴れがましい表情と胴上げが見られますように。

59
80

ジャンケンだって負けたくない 彦野利勝

伊藤敦基

彦野利勝の全盛期は短かった。レギュラーを獲って4年目の1991(平成3)年に、膝の大ケガで選手生命の危機に立たされた。16年間の現役生活で669本打った安打数の65%と、85本打った本塁打数の80%は、入団9年目のこの年までに記録している。当時の彦野を知る多くの人たちは口を揃えてこう言った。「夜遊びが過ぎなければ、もう少し成績を残しただろうに」と。

酒と歌が大好き。盛り場での武勇伝は枚挙にいとまがなく、寝ずに試合に出て活躍したこともしばしばあった。身体のケアに時間と金をかけて選手寿命を一日でも長く伸ばす…そんな風潮はまだない時代だった。

91年6月18日。サヨナラ・ホームランを打った彦野は一塁ベース付近で転倒して腸脛靭帯を断裂した。酒も飲まず歌も歌わなければ、そんな不運とは出会わなかったのだろうか？

1982（昭和57）年入団。4年目までは目立った成績はないどころか1軍出場もほとんどなかった。入団5年目の87年に就任した星野仙一監督は、当時蔓延していた〝負け犬根性〟を叩き直すために若手を起用した。大島康徳、平野謙、中尾孝義といった前回の優勝メンバーから、仁村徹、彦野、中村武志らへと切り替えを図った。星野監督の言葉を借りれば、彼らは「一日寝て起きたら、その分成長していった」。干天の大地が慈雨を飲み込むように、技術を吸収していった。

若い彦野はよく遊びもした。寮生だったころは門限破りの常習犯。寮長の目を盗んで帰還する方法を考えるのが楽しかった。「寝付いたころに帰るから起こしてしまう。いっそ、熟睡したあとなら気づかれないさ」。深夜に帰還して練習場に直行したこともあった。

修羅場という言葉がある。相手をだましたり土壇場で開き直ったり底力を発揮したり、こればかりは経験するしかない。身体の大きさや力強さだけでは測れない選手の能力があるだろう。

彦野は酒場でジャンケンのコツを教わったことがあった。1回勝負では50％の確率。それを何度か繰り返すことで90％にまで高めていく方法だ。人にはクセが必ずある。早く見破って勝負どころで仕掛けていく。それは、一年に何度も同じ投手と対戦するプロ野球の勝負にも通じるものだった。「ジャンケンだって負けたくない」そんな負けず嫌いの性格が、バットやグラブを手にしていない時にも、勝負勘を磨くことに繋がっていった。

やんちゃな男を星野監督は好んだ。彦野が酒も飲まず歌も歌わなければ、あるいは監督の期待に応える成績を残すことはなかったのかもしれない。もちろん度が過ぎてはいけないことだが…。

優勝した88年のシーズン、派手なエラーの翌日に先頭打者ホームランを打った。優勝決定試合でも1回に先頭打者アーチを掛けて、チームをお祭りムードにいざなった。彦野はそんな選手だった。

晩年代打での出場が多くなったころには、ジャンケンで磨いた勝負勘が活きたのか、代打成功率3割、10安打で18打点を挙げる驚異的な成績を残した。不運と幸運の波のなかで板切れ一枚にしがみつき、しぶとく生き抜いた16年間だった。

ナイター中継で解説する彦野利勝さん（左）。右は同じくCBC解説者の山田久志さん

60
80

想像と違う彦野利勝の場合

若狭敬一

去年、多くのベテラン選手が引退したドラゴンズ。全ての引退試合が笑顔あり、涙ありと感動的でした。

ＣＢＣ野球解説者の彦野利勝さんも、ナゴヤドームで引退試合を行った一人です。切り込み隊長として、１９８８（昭和63）年のリーグ優勝に貢献。その後、代打の切り札として活躍された彦野さん。チームに大きく貢献した選手だけに涙の引退試合かと思いきや、そうでもなかったようです。

１９９８（平成10）年、彦野さんの現役ラストシーズンは、1軍と2軍を行ったり来たりでした。9月に入り、チームは横浜と激しく優勝争いを展開。しかし、1軍昇格の連絡はありませんでした。「これは引き際だな。今年で辞めよう」。彦野さんは、球団関係者に引退を表明していました。

その後、ペナントレースは一進一退。中日も横浜も譲りません。「あれ？　このままだと引退試合どころではないな。ひょっとすると、シーズン終盤に戦力として1軍に呼ばれたりして」と思っていた彦野さん。すると、ナゴヤドーム最終戦の前夜、マネージャーから電話がありました。「明日、1軍だ」。「はい！」と、気持ちを引き締めたのも束の間、「そして、それが引退試合だ。前日の連絡なら家族を呼べるでしょう」。ガクッ。「はい、分かりました」。一瞬、期待しましたが、やはり引退試合の連絡でした。中日は横浜との直接対決に2連敗し、優勝の可能性がほとんどなくなっていたのです。「仕方ない。でも、ありがたい話だ」。

そして、引退試合となったナゴヤドームの中日―阪神26回戦。球場入りすると、彦野さんは星野仙一監督のもとへ行きました。「今までお世話になりました」。「今日は最後まで出るか？何番がいいんだ？」。星野監督は出場の仕方を、彦野さんに任せてくれました。「潔く1打席で終わりたいので、1番センターでお願いします」と彦野さん。引退試合は、スタメン出場することになりました。

「引退試合って、プレーボール直後に打席に入って、フルスイングして、それで気持ちよく終わるイメージだったのよ。歓声を浴びて、花束をもらって、思わず涙ぐむ感じ」。彦野さんは自らのラストシーンを想像していました。「それがナゴヤドームじゃん。1回表に守らなきゃいけないのよ」と笑います。当然です。後攻のドラゴンズ、プレーボール直後は守備についています。「それでなんだか調子が狂っちゃったのよね」。

泣く準備までしていたにも関わらず、急に冷静になってしまいました。さらに、いきなり阪神の1番・坪井智哉選手がセンター前ヒット。「おいおい！」。打席のイメージしかしていなかった彦野さん、最初のプレーは、なんとゴロを捕ることでした。

いまひとつ想像と違う中で、1回裏の攻撃。ついに、その時がきました。

「1番センター彦野！背番号8！」。大歓声を受けて右打席に向かいます。

キャッチャーはかつての同僚・矢野燿大選手。彦野さんは咳払いを一つ。「分かっています」と矢野選手。惜別の打席は、当然ストレートオンリーです。「それがさぁ、ピッチャーがクリークっていう外国人で、あまりコントロールが良くなかったんだ」。1打席でフルスイング。パッと桜のように散りたいと思っていたにも関わらず、ボールが先行し、まさかの2ボール。「ちょっと。フォアボールは勘弁」と思った彦野さん、ボールくさい球をカットします。フルスイングで終わるはずが、名残惜しそうに3球連続ファウルで粘ります。「何か違う、何か違う」。マウンド上では真ん中に投げられないクリークが、冷や汗をかいています。そして、6球目。「お！甘いストレート！フルスイングだ！」と力を込めた瞬間、「あらら！ボールが来ない！」。

そうです。完全に腕が縮こまっていたクリーク。なんとボールを置きにいったのです。「もうチェンジアップよ」。コン。当てるだけ。中途半端なスイング。結果は平凡なショートゴロでした。「想像と違う…」。


試合は2対1で中日が勝利しました。試合後、選手がマウンド付近に整列し、星野仙一監督が挨拶。ファンからも、温かい拍手が送られました。

「さぁ、この後は俺がスピーチするんだよな」と思っていた彦野さん。しかし、一向にマイクが用意されません。それどころか、ナゴヤドーム最終戦の恒例行事であるクラウン賞の表彰式の準備が着々と進んでいます。「あれ?」。選手はベンチに引き揚げ、プレゼントされる車が、続々と搬入されます。と、その時!「彦野さん、しゃべります?」と球団スタッフ。「しゃべりますって」と、困惑する彦野さん。「じゃ、はい」。渡されたハンドマイクを手にしました。

「今シーズン限りで現役を引退する彦野です」。彦野さんはマウンド付近ではなく、なんと1塁ベンチ前でスピーチを始めました。しかも、目の前ではどんどん表彰式の準備が進んでいます。「完全に場つなぎだったね」と笑う彦野さん。「ちょうど準備が整う頃にスピーチも締めたよ」。さすがです。

そして、場内一周。「よくファンの方がボードを持っているよね。『感動をありがとう』とか『辞めないで』とか。さすがにあれを見たら、グッと来ると思ったんだけど」。想像と違った引退試合。それは、最後の最後までそうでした。彦野さんの目に飛び込んできたボード。そこには、こう書かれていました。「歌う勝負師、彦野利勝」。

「俺のイメージって歌なの!?」。確かに彦野さんは歌がお上手です。「サンデードラゴンズ」の企画でCDもリリースされました。

「でも、歌う勝負師はないよな」。そう笑った彦野さん。球団創設80年。長いドラゴンズの歴史には、様々な引退試合があったようです。

61
80

解説者が涙する試合とは…木俣達彦さん

高田寛之

1999（平成11）年は、ワタクシにとって入社以来初めての優勝でした。ドラゴンズの優勝は11年ぶりのことで、会社中が優勝前から興奮ムードに包まれていたことを思い出します。実際、逆転やサヨナラゲームなど、劇的な勝利も多かったですね。

木俣達彦さんも、夏ごろには「間違いない！　優勝だ！」と解説のテンションも上がり、9月になって、さらにヒートアップ。木俣さんだけでなく、みんな高揚して「その瞬間」を待っていました。

印象に残る試合は、優勝を決めた神宮よりも、山﨑武司選手が逆転サヨナラホームランを放ったナゴヤドームの阪神戦ですね。この日は木俣さんとCS放送の中継でした。9回表に宣投手で逆転され、重苦しい雰囲気になったナゴヤドーム。このまま負ければ、ひょっとしたら巨人に逆転されるんじゃないか？　といういやな気持ちになったことを思い出します。

そんな中で飛び出した、山﨑選手の逆転サヨナラ3ラン！　普段はホームランの際には実況アナウンサーの声をかき消すほどに「入った、入った、ホームラン!、ホームラン!」と叫び、ある意味〝実況泣かせ〟の木俣さんですが、この日に限っては、いつまでたっても何も言いません。隣に座る木俣さんを見ると、肩を震わせて男泣き! 泣き声がマイクに入らないように、必死になって我慢している様子でした。試合終了後に「すまん、耐えられなかった」と、再び涙ながらに話していたのが印象に残ります。

木俣さんで印象に残るもうひと試合は、06年10月、広島戦の立浪和義選手のサヨナラタイムリー。これもこの年の優勝に大きく前進する試合で、当時、森野将彦選手の台頭でスタメンを外れて代打中心になった立浪選手がサヨナラヒットを打ち、ヒーローインタビューで涙ぐんだシーンです。

その試合はラジオ中継でご一緒して、試合終了までは冷静だった木俣さん。しかし、ヒーローインタビューで立浪選手が言葉を詰まらせた瞬間、木俣さんは涙を流してしまいました。インタビュー終了後も喋ることができず、しばし無音の状態だったことを思い出します。

新人の頃からコーチとして見ていた木俣さんにとって、

「サンデードラゴンズ」に出演中の木俣達彦さん

立浪さんは特別な存在です。スタメンを森野選手に譲り、忸怩たる思いで代打にかける立浪さんを、引退間際の自分と重ね合わせたのかもしれません。

放送ではドラゴンズに厳しいことをズバズバ言う木俣さんも、実はドラゴンズ愛にあふれた、涙もろい方なのです。

62/80

ノーヒッターと銀幕のスター中山俊丈さん

高田寛之

ドラゴンズでは2年連続20勝。巨人戦ではノーヒットノーランも達成。輝かしい実績を残した左腕投手でした。現役引退後はコーチとして球団を支えました。

ワタクシが野球実況を担当して間もなく、選手寮長を退任され、CBCの野球解説者になられました。当時は60代半ば、寮にいた選手は孫のような感覚だったでしょう。よく放送で「この子はねぇ…」と言っていたのを思い出します。

見た目通りの温厚な方で、お酒が好きで放送後によく連れて行っていただきました。野球関係者には珍しく、高級な店よりも「立ち飲み」が大好き。完成間近のナゴヤドームを取材した後、二人で大曽根駅構内の立ち飲みに入り、立ったまんまで3時間（！）飲み続けたことがあります。

飲むと必ずされるのが、石原裕次郎さんのハナシ。「ボクはねぇ、裕次郎に声を掛けられたんだよ！」と。愛媛・松山でのキャンプ中、おでん屋のカウンターで飲んでいた時、たまたま映画のロケで来ていた裕次郎さんご一行に遭遇したそうです。そこで裕次郎さんが中山さんに気付き「中山さんじゃありませんか？　こっちで一緒に飲みましょうよ」と声を掛けたそうです。

中京商業高時代、３年の夏の大会で中山さんはエースとして甲子園で優勝。その後、優勝投手として東京で慶応義塾高校と練習試合を戦いましたが、その試合を裕次郎さんが観戦していたのです。中山さんは、慶応義塾高校を完璧に抑え込み、その試合ではいい当たりもさせなかったといいます。母校が完敗した試合を見て、中山投手の投球が相当印象に残ったのでしょう。松山のおでん屋に入った瞬間、中山さんに気付いたそうです。

巨人戦のノーヒットノーランの話はほとんど聞いたことがないのですが、裕次郎さんの話はよく伺いました。ご本人も、よほど印象に残る思い出だったのでしょうね。

Ⅳ
歴代監督篇

63
80

近藤監督エピソード　その❶

ダンディ近藤貞雄監督

身長があって脚は長く、年齢は首に出るといってハイネックのアンダーシャツを着ていた、お洒落な近藤貞雄さん。その近藤監督がドラゴンズを史上3度目の優勝に導いた１９８２（昭和57）年、この年私はスポーツアナウンサーを離れ、当時社運をかけたといわれた「ぱろぱろエブリデー」というテレビ番組を担当していました。月曜から金曜、夕方5時からの中高生をターゲットにしたこの番組は、「流離のドッチャー」など名物コーナーもあって高い支持を得ていたのですが、その企画の一つに「もちょっとニュース」というのがありました。どうでもいいような、なんていうことはない普通のニュースでは絶対扱わないサマツな話題を、背広姿の私がニュースアナウンサー気取りで、大仰に原稿を読むという、誠にふざけたコーナーでした。

久野　誠

例をあげると、「きのう中日、巨人戦が行なわれたナゴヤ球場には、キャッチャー後方にバックネットがあることが、このほど消息筋の調べでわかりました」。

ウソは言ってないのですが、どうです？　つっ込みたくなるでしょ？

で、近藤監督をまき込んだ、ある日の「もちょっとニュース」は、以下の通りです。

（ニュースアナ然とした顔出しの私）

「われわれは、優勝を目指す近藤貞雄監督との単独独占インタビューにこのほど成功いたしました。では、その模様をごらんいただきましょう」

（ＶＴＲの私、１塁側のベンチ前で）

「では、これより近藤監督への単独独占インタビューを行ないます」

（そう言いながら、バッティングゲージの後ろで練習を見つめる近藤監督に走り寄る私）

「監督、こんにちは！」

（近藤監督）「ハイ、こんにちは！」

（逃げるように１塁ベンチ前に戻る私）

「以上、単独独占インタビューでした！」

（再びニュースアナ然のスタジオの私）

「見事なインタビューでしたね」

これ、ヤラセでもなんでもなく、全くアポなしのぶっつけ本番。もちろん意味がわからずキョトン、とされていた近藤監督に、あとで平身低頭謝りにうかがうと、「ああ、あの番組か」と、笑顔で応対していただき、ホッとした次第。でもこんなことが許されるのは近藤監督ならではで、考えてみれば近藤さんほどファンを大切にし、エンターテインメントとしてのプロ野球を意識した監督さんはいなかったと思います。

ドラゴンズの監督時代には、自らのチームを「野武士野球」と称し、大洋の監督時代には、「スーパーカートリオ」と命名して1番から3番まで俊足の選手を起用するなど、ファンを楽しませるチーム作りをした人。近藤監督は、素晴らしい演出家でもありました。

近藤監督エピソード　その❷

昔話を聞かせていただきました

高田寛之

近藤貞雄さんは東京在住でしたが、名古屋のマンションが自宅から近く、ナイター後によく近所でごちそうになりました。ワタクシにとって、初めての実況の時に解説を担当していただいたのが近藤さんでして、よく可愛がっていただきました。マンション近くの寿司・焼き鳥・中華と3軒が行きつけで、いつもそのローテーションでしたね。

日本酒が大好きな近藤さんも、その頃には大酒を飲むことはせず、一日2合と決めていましたので、毎回お銚子を2本召し上がっていて「あんたは好きなだけ飲みなさい！」と好きなだけ飲ませてもらいました。決して無理強いはせず、スマートなお酒だったことが印象に残っています。

少し酔うと、いつも話してくれたのが戦時中のことです。勉学が優秀だった近藤さんは旧制岡崎中学の級長（今の学級委員とは違い、当時は一番優秀な生徒しかなれなかった）で、将来は弁護士になろうと決めていたそうです。ところが戦争が激しくなり、死ぬまでは好きなことをやろうと、弁護士の夢をあきらめ、野球を続けました。

よくされていた話は、応召された軍隊でのこと、沢村栄治さんのこと、戦時下や占領下での野球についてなどで、他にもいろいろと伺いました。「どうせ20歳までしか生きられないんだから、今を楽しく生きよう」。これが当時のモットーでした。戦時下の話をした際に、いつも最後に「まぁ、戦争中のことは、若いあんたにはわからんよね」というのが、お開きの合図でしたね。

70歳を過ぎても背筋がピシッと伸びていて、いつもお洒落で格好のいい方でした。体調を崩してからは、ラジオの電話出演も最後まで固辞されました。「ハリのない声で放送に出たくない」との意識だったのでしょう。「ダンディー」を貫かれた、近藤さんらしい晩年でした。

64
80

星野仙一投手へのインタビュー

久野　誠

1982（昭和57）年、シーズン途中からめっきり登板が減った星野仙一投手は、それでも投手陣のリーダーとして1軍ベンチ入りを続けていました。しかし、中日のセ・リーグ優勝が決まった直後から引退の噂が流れ、その去就が注目されていたそんな折り、あろうことか、当時スポーツアナウンサーとして経験の浅い自分が、日本シリーズを前に大ベテラン星野投手にインタビューをすることになったのです。

それまで一言も話したことのない、雲の上のスターに対し、引退云々のデリケートな問題に切り込む―。プレッシャーどころか、頭まっ白の状態でシミュレーションも出来ぬまま、いざ本番。追いつめられた私は、その時、インタビュアーとしては禁じ手ともいうべき手段に出ました。

実は、当時の星野投手といえば、試合途中でノックアウトされ降板しようものなら、ベンチ裏の選手食堂に戻っては、吸い殻入れを思いきり蹴とばしたり、タオルを壁にぶん投げたりの当たり放題…

（その頃はドラ番記者も選手食堂へ行けたのです）。

ベテラン記者も近づけない状態で、それはそれは怖かった、などのエピソードを紹介しながら、インタビュアーの立場を忘れ、星野ファンとしての個人の思いをぶつけたのです。

「喜怒哀楽いっぱいのあなたのピッチングが大好きでした。いろんな噂が流れていますが、もうあの姿は見られないんでしょうか？」。恐らくベテラン記者なら聞けないど真ん中直球の質問に、星野投手は少しの沈黙のあと、

「お前、そんなに泣かすなよ…」

この一言で引退することはもちろん、いやそれ以上に、星野投手のキャラクターが伝わったと思いました。

アナウンサー歴40年を超えた自分の、29歳の時のお話です。人柄を引き出すことがインタビュアーの究極の使命だとすれば、このインタビューを超えるものは、その後できていません。

65
80

塩見啓一・星野監督エピソード　その❶

怖かった星野仙一さん

塩見啓一

1987（昭和62）年、ドラゴンズの監督に就任した頃の星野仙一さんは、とにかく怖い人でした。つまらない質問をする記者がいると、とたんに機嫌が悪くなるので、当時若手だった私はなるべく目を合わせないようにしていました。

あれは1988（昭和63）年の春のキャンプ。前半は沖縄、後半はアメリカ・ベロビーチで行われました。ドラゴンズは沖縄キャンプを打ち上げて、星野監督がここまでの総括をするので、代表インタビューを私が受け持つことになりました。

インタビューの直前、他局のベテランアナウンサーから「ルーキーの立浪を1軍で使う気があるのか、聞いてよ」と頼まれました。鳴り物入りでドラゴンズに入った立浪和義がレギュラーを獲るのか、当時注目されていたのです。

私も、それは聞くべきだと思ったので、インタビューで「立浪は1軍で使うのですか？」と、星野監督に聞きました。すると星野監督は「まだわからん」と、ぶっきらぼうに答えました。

このまま引き下がったのでは物足りないと思い、なお「立浪選手の開幕1軍はありますか?」と聞いてみました。

するると、星野監督の表情が急にこわばり「なんで立浪のことばっかり聞くんや。おもろない。もうこんなインタビューはやめだ!」と言って、インタビューをしていた私の前を通り過ぎました。星野監督を取り囲んでいたカメラが一斉にそれを追いかけ、私はあわてて頭を下げましたが、映ってしまいました。その夜、各局のスポーツニュースは、星野監督が怒って帰るシーンをトップ項目にしました。全国ネットのニュースに、星野監督を怒らせたインタビュアーとして、私は出てしまうことになったのです。

今思えば、星野監督としては立浪選手以外の選手のモチベーションを保つためにも、うかつなことは言えなかったのでしょう。それがわからなかった私は、監督に怒られガッカリしていたのですが、他局の人たちからは「面白いものが撮れた」と、喜ばれました。マスコミは怖い世界だと、つくづく思ったのでした。

塩見啓一・星野監督エピソード　その❷

星野仙一さんのやさしさ

かつてナゴヤ球場には、ＣＢＣのラジオ実況席がありました。グラウンドレベルにあり、投手やバッターの表情が良くわかりました。２軍の試合が行われている時、この放送席で若手のスポーツアナウンサーは、自主的に実況の練習をしたものです。

ある時、まだ駆け出しだった私が実況の練習をしていると、後ろの戸がガラッ、と開きました。そこに現れたのは星野仙一監督。最初に指揮を執った時ですから、本当に怖かったころの星野さんです。監督が、私の後ろの席に腰掛けました。

私が実況を止めて黙っていると、

「実況の練習をするんやったら、やったらええ」

というわけで、星野監督の前で実況の練習をすることになりました。しかし、後ろに監督がいると気になります。

「か、監督。前でご覧になったら、いかがでしょうか」

「ここでいい」

「前の方がよく見えますよ」

「あかん。あいつは気が弱いから、俺を見たらちゃんと投げられん」

その時、マウンドにいたのは、故障明けで2軍調整中の郭源治投手でした。星野監督は郭投手のことが気になって2軍の試合を見に来たものの、郭投手の邪魔になってはいけないからと、こっそりのぞくために、CBCの放送席に来たのです。私の後ろに隠れて、監督はグランドの郭投手を見ていました。そうとは知らず、郭投手はきっちり投げ、監督も安心したように放送席を離れました。

よく鉄拳制裁とか言って、こわもてのイメージが先行していた星野監督ですが、実は細かく気を使う人だということを、この時初めて知り、とても感動しました。

66
80

放送よりも緊張しました 練習なのに…星野仙一さん

高田寛之

1997（平成9）年、当時のドラゴンズは第2次星野政権でした。星野仙一監督は圧倒的な存在感・威圧感があり、周囲はいつもピリピリしていました。ワタクシなど当時（今もですが）ペーペーの若手アナウンサーは、挨拶するのがやっとなぐらいで、久野誠アナウンサーが親しげに話をしているのを遠巻きに見ているだけだったことを思い出します。まだ実況デビューもしていない、そんな頃のハナシ。

ナゴヤ球場の2軍の試合で実況の練習をするために、練習を取材し、近くで昼食をとり、CBCの放送席に戻ると、目の前には見慣れた背中が…。なんと星野監督が一人で座ってらっしゃるじゃありませんか！

「こ、こ、こんにちは」。監督は隣の席を見ながら「なんだ、お前のカバンか。練習か？」「ハイ…」。

「早く座れ！」と隣の席を指さします。その日はナゴヤドームでナイターの予定でしたが、当時ファーム調整中の今中慎二投手がナゴヤ球場で登板するため、お忍びで視察に来ていたのでした。記者席だと記者から取材を受けなければいけないので、静かな放送席で見ようと思ったのでしょう。

試合が始まり、監督の「喋れ！」の声で実況練習開始です。それまで何度も先輩の横で練習し、ダメ出しを受け、時にはイニング間にド叱られた経験もありますが、この日ほどの緊張感は今に至るまで経験したことがありません。言い間違いには「違う！」と、あの重低音で指摘を受け、おかしなコトを言えば足で椅子を小突かれ、さらには横で苦笑されながら時が過ぎていきました。

監督は今中投手の視察が目的なので、降板後（4回だったと思います）はナゴヤドームに戻ってナイターに備えなければなりません。まぁ、ペーペーのアナウンサー相手ですので、黙って帰ればよさそうなモノでしょうが、そこは気遣いの星野監督です。帰り際にワタクシの肩をポンと叩き、「オレは戻るけど、頑張って練習せいよ！」と声を掛けてくれたのです。もちろん一瞬でファンになったことは言うまでもありません。

優勝争いをしていたらアナウンサーのデビューを考える余裕などありませんが、その年のドラゴンズは最下位で、9月下旬にワタクシのデビュー戦が回ってきました。その日の試合前、星野監督が久野アナウンサーに「この前実況聞いたけどヒドかったぞ！こんなの喋らせてCBCは大丈夫か？」と言っていたのも、今となってはいい思い出です。それにしても、あんな独特の雰囲気の監督さんは、他球団を見渡してもなかなかいませんねぇ。

最も怖い日 星野仙一監督

若狭敬一

最も怖い日。それは、星野仙一監督の怒りが頂点に達した日です。闘将・星野監督は大胆な補強や積極的な若手起用で1988（昭和63）年、99（平成11）年とチームを2度のリーグ優勝に導きました。選手思いで人情深く、涙もろい一面がある一方、ひとたび頭に血が上ると、あの王さんにも歯向かうほどです。

2000年9月13日、事件は起きました。ナゴヤドームの中日―広島23回戦。試合は中日・野口茂樹投手、広島・黒田博樹投手の両先発で始まりました。中日は1回裏、ゴメス選手の犠牲フライ、立浪和義選手のタイムリーで、幸先良く2点を先制します。

さらに2回裏、中村武志選手のソロホームランなどで2点を追加し、4対0。さすがの星野監督も、ニコニコです。

しかし、3回表。野口投手がロペス選手に2ランを浴びてしまいます。「仙さんは嫌うのよ。味方が点を取った後にあっさりホームランを打たれるのを」。これは当時1軍投手コーチをしていた、山田久志さんの言葉です。星野監督の顔が、途端に曇りはじめました。

この日は打線が好調。3回裏、中村選手が2点タイムリーツーベースを放ち、6対2。再びリードを4点に広げました。

星野監督の留飲が下がりかけた4回表、やってしまいました。野口投手が、先頭の新井貴浩選手へ投じた初球です。ガツン!!「大きい! 入ったホームラン!」。センターへ飛び込む特大ソロホームランでした。「こらーっ! 野口――――っ!!」。ついに、その時が訪れました。星野監督の怒りが頂点に達したのです。

「いや～怒っていた。ものすごかった」と山田さん。星野監督の顔が真っ赤になっているのを見て、すぐにブルペンと連絡を取り、2番手の投手を用意させました。「交代だ!」と星野監督。山田さんの予想通りです。「次は中山です」。山田さんは星野監督にそう告げて、球審から新しいボールを受け取り、マウンドへ向かいました。

しかし、いつまで経っても場内アナウンスが流れません。それどころか、星野監督が球審に投手交代を告げていないのです。

その頃、ベンチは大変なことになっていました。激高した星野監督はあまりにも興奮していたため、2番手の投手を忘れてしまったのです。「誰だ! 誰なんだ! 野口の次は誰なんだ!」と、青筋を立てる星野監督。しかし、投手起用はコーチと監督が決めるもの。ベンチの控え選手が知るわけがありません。

「わ、私が…ブ、ブルペンに電話して確認します」。監督のそばにいたマネージャーが慌ててブルペンとの直通電話を取りました。震える手。上ずる声。「だ、誰だ⁉」。

その時、ブルペンでは中山裕章投手が投球練習を終えて、マウンドに向かいかけていました。「2番手は中山さんだった」。当日、ブルペンにいた落合英二さんの証言です。「でも、事件が起きちゃったんだよね」。さぁ、悲劇の始まりです。

プルルルル！　鳴りやまないブルペンの電話。通常、この電話はベンチにいる投手コーチがかけ、ブルペンにいる投手コーチが取るもの。この日もすでに、山田さんと高橋三千丈ブルペンコーチの間でやり取りは終わっていました。しかし、また鳴ったのです。

プルルルルル！　ガチャ。一人の若手投手が受話器を取りました。「だ、誰だ⁉」。マネージャーの声。「宮越です」。受話器を取ったのはプロ4年目の宮越徹投手でした。マネージャーはすぐさま電話を切り、星野監督に報告します。「か、監督‼　み…宮越です‼」。

ほどなく場内アナウンスが流れました。「ピッチャー野口に代わりまして、宮越。背番号62」。「えーーーーっ‼」。まず驚いたのは、マウンドの山田さんです。「びっくりだよ。なんで宮越？　中山と言ったはずなのに」。驚いた人は、まだいます。そうです。宮越投手本人です。「あいつ、確実に1

球も投げてないよ」と落合さん。まだ実績がなかった宮越投手は、大差でリードされた展開でしか投げない投手だったのです。

受話器を取ったがために、2番手として登板した宮越投手。全然肩はできていません。許される投球練習はたったの5球。宮越投手はその5球に命をかけました。

さぁ、試合再開です。6対3、中日3点リードの4回表、無死無走者。迎える打者は朝山東洋選手。宮越投手が投じた5球目でした。

ガツン!!「大きい！入ったホームラン!!」。白球はレフトスタンドへ消えて行きました。

「み、宮越――――っ!!」

これが今に語り継がれる、伝説の宮越事件です。宮越投手は即交代。3番手に中山投手が起用されました。試合は結局、8対6で広島の逆転勝ち。おそらくこの日がドラゴンズの歴史上、最も怖い日だったでしょう。

68
80

怒らなかった髙木守道さん

塩見啓一

髙木守道さんが最初の監督を務めていた時ですから、もうだいぶ前の話です。沖縄の秋季キャンプ取材をしていた私とディレクターは、選手たちがメーングラウンドに行って、室内練習場では誰も練習していないことに気付きました。

キャンプ取材も何日か続くと、だんだん刺激がなくなります。そこで私たちは誰もいない室内練習場に忍び込みました。そこにはバッティングマシンとボール、バットがありました。

「誰もいないから、ちょっと試しに打ってみよう」。悪いことはすぐ決まります。ほんのちょっと打って、すぐに出ていくつもりで始めました。

すると突然、練習場の扉が開きました。裏方さんに見つかったか。謝って片づけようと思ったら、「もっとしっかり打たんか！」と聞き覚えのある声。そうです。髙木監督がやってきたのです。誰が練習しているのか見に来たようでした。

「す、すみません。すぐやめます」

「ええから、打たんか」

すぐ止めるはずが、打ち続けることになってしまいました。ディレクターは大学野球出身なので、いい当たりを連発。「なかなかやるやないか」と、高木監督に褒められてうれしそう。

私に交代すると、全然当たりません。こんな早いボール打てないと思っていたら、高木監督から「バントでもしたらどうや」とアドバイス。バントしたら、確かに当たるのですが、想像以上に手がしびれます。しばらく続けて、ようやく解放してもらいました。

後で私の手を見たら、手がうっ血していました。これは取材を怠けた罰だと、反省したのでした。

69
80

髙木守道さんの私生活

久野　誠

立教大学の長嶋茂雄さんが、県立岐阜商業を訪ねた時、当時一年生の髙木守道さんの才能を見抜いたのは有名な話ですが、その後、プロで戦った2人のプレーは、実に対照的でした。何でもないサードゴロを流れるような動きで華麗にキャッチして、指先までまっすぐにして一塁へ送球する長嶋さん。ミスターの大向こうを沸かせるこうしたプレーには、とても勝てません。ならば、全く違った姿でファンにアピールしたいと、髙木さんが魅せたのがバックトス。むずかしいセカンドゴロをなんなくさばいて、「こんなことプロなら当たり前でしょ」と少しも表情を変えることなく〝クールな髙木〟を演じたのでした。

そんな髙木さんも、私生活はミスター以上？の派手さ。現役時代はまっ赤なスポーツカーや、どでかいアメ車を乗り回し、寮には誰よりも早くエアコンやステレオを置く、新しい物好き。評論家時代には、私の番組のリスナー相手のクイズコーナーで、答のようなヒントを出すお茶目な一面を見せたり。服装はいつもおシャレで、ブランドに詳しい一流好み。

そして何よりも人に何かをプレゼントして、その人の喜ぶ姿を見るのが大好きで、監督時代はずい分、裏方さんたちにも気をつかわれていました。髙木さんが解説の時は、ＣＢＣのスタッフみんなにホットドッグとコーラを配られるのが常でした。かく言う私も、「サンデードラゴンズ」をご一緒させていただいていたこともあり、ずい分お世話になりました。北陸遠征の時は、マイカーで富山から拙宅まで送ってもらったり、ブランドのポロシャツを頂戴したり、突然のプレゼントに恐縮するのはしょっちゅうでした。

ある日私が休みで家に居る時、玄関からピンポーン。我が家に髙木さんがみえて、手には竹の篭。「食べてちょ」。ニコっと笑ってさっそうと車で去っていかれました。

篭には、10数本のマツタケが入っていました。

ドラゴンズのオーストラリアキャンプを取材した髙木守道さん（左）との2ショット（1990年頃）

70
80

太っ腹なのをいいことに、いつも甘えてしまって… 高木守道さん

高田寛之

仕事以上にプライベートのお付き合いが多く、色々とお世話になりました。何度もご自宅にお招きいただき、ビックリするような豪華なお食事をごちそうになったり、キャンプ取材や遠征にご一緒するときも、いつもごちそうになったりしていました。う～む、ごちそうになった思い出しかないのであります。

そんな中で、一番甘えてしまったのがこの一件でして…。

ゴルフが大好きな方で、よくご一緒させていただきました。野球界には上手な方が多いのですが、高木さんはドラゴンズＯＢの中でも一、二を争う超上級者で、「このスコアではゴルフでもボウリングでもヘタクソ」というぐらいのワタクシなど、迷惑を掛けるだけなのですが、よくお誘いいただいて

迷惑を掛けまくっていました。

そんなゴルフで、一度「大やらかし」をしてしまったことが10年ほど前…。名古屋市の自宅から、自家用車で岐阜県のゴルフ場に向かい、最寄りのインターで降りた時のこと。とんでもないことに気づいてしまいました。「ゴルフバッグ忘れた！」

普段は車の中に入れっぱなしのゴルフバッグを、慣れないクラブの手入れをするために、その日に限って前日に自宅で手入れした後、車に詰め込むのを忘れて出てしまったのです。ゴルフ場の最寄りインターを降りてしまった後ですから、もう引き返すことはできません。ゴルフ場に到着し、髙木さんに「ゴルフバッグを忘れました」と正直に告げました。

髙木さんはプロ野球で何度も修羅場をくぐり抜けた方です。アホなアナウンサーがゴルフバッグを忘れてゴルフ場に来たところで、さして驚きません。髙木さんのロッカーに常に置いてある予備のゴルフバッグを取り出し、「これ使えばええがね」と貸してくれたのです。さらにボールや帽子など必要なものも、売店であっという間に揃えてくれました。

なんて太っ腹な方なのでしょう！　そして、なんてアホなアナウンサーなのでしょう！何ごともなかったかのようにゴルフがスタート。ついに史上初の「手ぶらゴルフ」を達成したのでした。

今でも年に数回ゴルフをご一緒させていただきますが、相変わらず厚かましく甘えてばかり。たまにはお返ししなければいけないのですが…。

悔しさと優しさ 山田久志

若狭敬一

私が担当しているCBCラジオ「若狭敬一のスポ音」（毎週日曜16：30〜）の人気コーナー「山田久志の栄光に近道なし」では、山田さんに野球の魅力やご自身の過去を語って頂いています。その中で印象的だったのが山田投手誕生秘話です。

秋田県能代市出身の山田さんが野球を始めたのは小学生の頃。以来、ポジションは内野手でした。「強肩で俊足。今でいうと、アライバ。いや、ヤクルトの山田タイプかな」と山田さん。シュアな打撃にも定評がありました。しかし投手経験はゼロだったのです。

能代高校に入学後も走攻守3拍子揃う内野手として早くから頭角を現し、2年生でサードのレギュラーを掴みました。「私とエースの柿崎（美千雄）が2年生で試合に出ていた。柿崎は県内でも有名だった」と振り返ります。

1965（昭和40）年夏。甲子園を目指す予選が始まり、能代高校は順調に勝ち進みます。そして、準決勝の金足農業戦。試合は1対1で9回裏を迎えました。能代高校は2死満塁のピンチ。ここでサードの山田さんの前にゴロが転がりました。すばやく捕球し、一塁へ。しかし、まさかの悪送球。三塁ランナー生還。サヨナラ負け。3年生の夢を2年生の山田さんがつぶしたのです。「何がなんだか分からなかった。茫然自失。泣く余裕もなかった」。

敗戦から新チームが始動するまでの数日間、山田さんは自問自答を繰り返し、野球を辞める決断をします。「先輩に申し訳なくて。能代の街も歩けないし」。しかし、柿崎さんが連日、山田さんの自宅を訪ねます。「山田、相談があるんだ。俺、もう肩が痛くて」。柿崎さんは山田さんを引きとめるわけでもなく、ひたすら肩の状態を山田さんに打ち明けます。「柿崎なりに察したんだろうね。俺が辞めそうだって。今思えば、柿崎の優しさなのよ。あの悪送球には一切触れずに別の話をして、気を紛らわせてくれたんだと思う」。

数日後、山田さんは野球を続ける決意をしました。そして、柿崎さんと一緒に太田久監督のもとへ行きます。「よく来たな、山田。もう1回、野球をやろう」。温かい言葉に山田さんは涙が止まりませんでした。「後にも先にもあんなに泣いたのは初めて」と山田さん。その時です。太田監督から思わぬ言葉が飛び出しました。「山田、お前がピッチャーをしろ」。これがのちにプロ通算284勝を挙げる大投手が生まれた瞬間です。「大人になって監督と酒を飲みながら、私の投手転向について話したことがあってね。確かに柿崎の肩は限界だった。でも、最大の理由は私をサードから解放させたかったから。全く違うポジションを与えることで全く違う気持ちで野球に打ち込める。環境をガラッと変えてくれたんだ」。

やがて、新チームは初陣を迎えました。試合前日、背番号が渡されます。夢にも思わなかったエースナンバーが手に入る瞬間です。太田監督が野太い声で告げます。「1番、熊谷」。「え！」。狼狽する山田さん。「あの時は驚いた。自分が1番だと思っていたから」。しばらく山田さんは呼ばれません。「5番、山田」。なんと太田監督は山田さんにサードの背番号を与えたのです。「ポジションは変わってもあの悔しさは忘れるなというメッセージだよ」。

結局、山田さんは卒業するまで背番号5でマウンドに立ち続けました。

2002年から2年間、山田さんはドラゴンズの監督を務めました。「チームは過渡期だった。福留をライトへ回して、セカンドの立浪をサード。サードのゴメスをファースト。ショートに井端、セカンドに荒木。チームを大きく動かしたね」。ドラゴンズ黄金時代の礎はこの大掛かりなコンバートが奏功したと言っても過言ではありません。悔しさを味わい、優しさに触れ、新境地で羽ばたいた山田さん。そんな自らの経験が監督としての采配に影響を与えたのでしょう。

インタビュー収録後、私は山田さんに言いました。「今の山田さんがあるのも柿崎さんのお陰ですね。今でも秋田に帰った時は会われるのですか?」。山田さんは無言でした。そして、「柿崎は優しい男でね。若くして亡くなったんだ」とポツリ。今シーズンもきっと柿崎さんは山田さんの解説を天国で聞いていることでしょう。

72
80

スクラップ&ビルド 落合博満

若狭敬一

「若狭、お前は最後までうちが勝つって言ってたよな。偉い！」。２０１１年10月18日、球団初の連覇を達成した夜、ビール掛け会場となったホテルのプールサイドで私は落合博満監督と抱き合いました。「マスコミ嫌いと言われる落合監督と抱き合うなんて。あの眼鏡のアナウンサーは何者なんだ」。テレビやネットで抱擁シーンが流れるたびに私は「落合監督が唯一心を開いたアナウンサー」として話題になり、ＴＢＳ情報番組「ニュースキャスター」で特集を組まれたり、「若狭敬一」というワードがヤフー急上昇ランキングの上位に食い込んだりしました。

しかし、断言します。私は決して落合ＧＭが心を開いたアナウンサーでもなければ、プライベートで仲良くしている人物でもありません。連絡先すら知りません。ただ、シーズンオフに「サンデードラゴンズ」の企画などで1時間を超えるインタビューをしたことが数回あり、人よりは少しだけ多くの時間、彼の考えに触れる機会に恵まれたのは事実です。

では、落合GMの考えとは一体どういうものなのでしょうか。

「続けることが大切」。まず、私にはこの言葉が浮かびます。「監督に5年連続で二桁勝ったら、エースと認めてやると言われたので、絶対に達成しようと思いました」と振り返るのは吉見一起投手です。去年は田島慎二投手が「GMに中継ぎは防御率でも登板数でもない。1軍に居続けることが一番の評価のポイントだ」と言われました。2009年オフのインタビューでも「今年の高評価？荒木だな」「なぜですか？」「あいつだけでしょ、出続けているのは」。その年、荒木選手は8年連続で規定打席に到達していました。とにかく続けることが大切なのです。

それは去年の契約更改を見てもうなずけます。3年連続二桁勝利の大野雄大投手は大幅アップ。大島洋平選手は前年より成績が落ちたにも関わらず、4年連続の規定打席到達が評価され、年俸は上がりました。一方、平田良介選手は好成績を残しましたが、規定打席到達はまだ2年。大きな昇給はありませんでした。

「続けるために壊す」。これも落合イズムの特徴だと私は捉えています。「現有戦力の10％底上げ」を掲げて始まった落合政権。事実、2003年のオフに戦力外通告を受けた選手は少なく、目立った補強もありませんでした。しかし、1年間じっくり選手を見極めた結果、2004年のオフには大量解雇に大量採用。大幅な血の入れ替えをしました。組織を強い状態で維持するために、あえてその一部を壊したのです。その後も落合政権下ではセンターラインこそ固定されていましたが、その他のポジションは頻繁に選手が入れ替わりました。タイロン・ウッズ選手やブランコ選手などの外国人選手に加え、中村紀洋選手や和田一浩選手など補強も積極的でした。あの常勝軍団は「スクラップ&ビルド」の繰り返しで作られたのです。

究極はアライバコンビのコンバートでした。2011年オフ、ハワイ優勝旅行中のインタビューで落合監督はその狙いを告白。「簡単に言うと、楽をしはじめたんだよ」。誰からも球界を代表する名手と称賛されていたアライバコンビ。しかし、落合監督の目には「もっとできるはず」と映っていたのです。「当時、若手を競争相手に送り込んでも、二人の足元にも及ばない。だったら、コンバートして環境を壊すしかない」。荒木雅博選手は「ショートにコンバートされて本当に良かったです。もう1回、足を使ってノックも受けましたし、自分はへたくそだと思えました。野球に取り組む姿勢が変わりました」と感

「若狭、偉い！」。2011年リーグ優勝のビール掛け会場で落合監督（右・当時）と

謝しています。「コンバートは2年の約束でした。あの2年でたくさんエラーもしましたけど、30代半ばで自分を追い込んだおかげで選手寿命は延びたと思います」。荒木選手は今年39歳。２０００安打も視野にまだまだプロの一線で戦える選手です。残念ながら、井端弘和選手は現役を引退しましたが、彼もまだまだ続けられたのではないでしょうか。

「続けることが大切で、続けるためには壊すことが大切」。私は落合ＧＭの考えをそう理解しています。今年は球団創設80周年。ドラゴンズがこれからも長くファンに愛され続けるためには積極的な「スクラップ&ビルド」が必要なのかもしれません。

73
80

大石アナが語る谷繁元信　その❶

約束を守る男！

大石邦彦

谷繁元信監督と初めてお会いしたのは、２０１１（平成23）年の2月、沖縄キャンプでした。私にとっても、初めてのキャンプ取材でしたから、不安でいっぱいでした。そんななか、バッティング練習を終えた和田一浩選手にインタビューしている時、谷繁さんがあのトレードマークの「高笑い」で会話に割り込んできてくれたんです。取材する立場から言えば「オイシイ」展開。だって、仲のいい二人の会話を撮影できる訳ですから！ところが私としては「オイシイ」どころか、散々な出来の取材に…

私にとって谷繁さんは、特別な存在だったのです。１９７０（昭和45）年生まれの同い年。山形の田舎で甲子園を目指していた元高校球児の私にとって、谷繁さんは超高校級のスーパースター。誰が何と言っても70年生まれは、「谷繁世代」なんです。その彼が目の前に！「ぽーっ」としてしまった私は、緊張しまくり、散々な展開になってしまったのです。

そんななかでも、現場にいたディレクターの力を借りて、思い切って告白！

「好きでした。番組に出演してください」

考えてみてもください。初対面の、しかも40歳の男が突然のお願い。それも、シーズン中のスタジオ生出演はご法度だと言われているのにもかかわらず。

ところが、彼はすんなり「いいよ」、の返事をしてくれました。


これは大人の社交辞令だと理解していましたが、彼は違いました。シーズン中、月に1回、スタジオに来てくれたんです。しかも、2年間も連続で！

こんな律儀な男はいませんよ！　彼に聞きました。「どうして？　2年間もスタジオに来てくれたんですか？」

男・谷繁の答えはこうです。「だって、大石君と約束したでしょ」

「イッポウ」で谷繁監督（左）を単独取材

大石アナが語る谷繁元信　その❷

うそをつかない男！

同い年ということが縁となって、いざ2年間に及ぶ「月イチでのスタジオ生出演」が実現すれば、やはりチーム事情から投手陣の調子まで、裏話を聞きたくなるのが、聞き手の性《さが》というもの。「あの時、ベンチでは何があったのか」「あの失投の理由は？」など、内部情報を知りたくなってしまいます。シーズン中のスタジオ生出演の醍醐味は、まさにココにあったはずだ！とはいえ、シーズン中の「扇の要」の谷繁さんの発言は、内部情報の漏洩につながり、場合によってはチームにとっての損失につながる。だからそこ、細心の注意を払ってインタビューしました。

ところが、谷繁さんは「何でも聞いてくれ！」。つまり、NGワードなし！という、異例のスタンスでした。もっとも、核心に迫る質問には「今は答えられません」と、質問が核心に迫ったものであることをほのめかす。そして「いま、話すとチームに迷惑をかける。時期が来たら話します」と続ける。なんとまあ、正直者！質問に答えたふりをして、質問に答えていない政治家（誰とは言えませんが）とは大違い。

だから、何年か前に腰の手術を受けたことも、FA宣言した時にある「超大物」に口説かれたことも、「今は話せない」と条件をつけつつ、後できっちり教えてくれる。監督就任記者会見後、名古屋駅に向かう谷繁さんの車に同乗して緊急インタビューさせていただきましたが、その時も「監督就任までの道のり」を、事細かに説明してくれました。「最初に、誰から電話がきて、誰と会ったのか…」など、本当に正直なんです！

さすがに、監督になってからは、少しばかり口が重くなりましたが、それでもよく語ってくれます。自分にうそをつかず、人にもうそをつかない。でも采配だけは、相手チームを欺き続けて欲しいものです。

大石アナが語る谷繁元信　その❸

プロ野球選手って、やっぱり凄い！

野球には、各ポジションに固定されたイメージがある。センターは足が速い。確かに、大島洋平選手はチームで1、2を争う俊足だ。ファーストは背が高い選手で、セカンドは小回りがきく、などがあるが、キャッチャーはどうだろう？

アニメなら、「巨人の星」「ドカベン」「タッチ」でもそうだが、キャッチャーの体型は太めに描かれ、「気は優しくて力持ち」といったイメージだろうか。足は遅いが、長打力のある4番バッター。しかし、私が注目したいのはバッティングではなく、「足が遅い」というイメージの方だ。そう、キャッチャーは、足が遅い人が多いのだ。ところが、この人は違った。

谷繁元信選手といえば、がっちりした体形で、足もそう速そうには見えない。そんな谷繁選手と、番組の企画で、50メートル競走で対決することになった。私は、一般人ではあるが、元高校球児で2番・セカンド。小回りと俊敏さだけは、40代になっても誰にも負けないつもりだ。高校時代のベストタイムは、6・2秒。山形の〝暁の超特急〟とは、私のことなのだ。一方の谷繁選手、足が速いとは一度も聞いたことがない。軽快にベースランニングしている印象もない。「この勝負、勝てる」。

決戦の時を迎えた。場所は、2月の沖縄キャンプ、空はドラゴンズブルーの快晴。ルールは、男はスカッと「50メートル・1本勝負」。それまでに、私はドラゴンズの宮前岳巳トレーニングコーチの指導のもと、2ヶ月間にわたりトレーニングを積んできた。ドラゴンズには、息の長いベテラン陣が多い。本人の努力が一番だろうが、宮前コーチをはじめ、トレーニングコーチ陣の影響は絶大だ。元陸上選手の宮前コーチからは、「地面を蹴る感じで走れ」「スタート直前、その場でジャンプすればタイムが良くなる」など、実践的な数々の助言をいただいた。

この様子を見ようと、和田一浩選手に荒木雅博選手、森野将彦選手など超豪華ギャラリー陣が集結。和田選手にいたっては、「大石さん、ユニフォームの着方がかっこ悪い」と、ストッキングを直してくれるほど。さすが、球界の子だくさん。子どものような身体の僕を、ほっとけなかったのだろう。

さあ、すべて準備は整った！　和田選手の合図のもと、スタートを切った。

練習通り、僕はロケットスタートを切った。「この勝負、勝てる」。だが、中盤から谷繁選手が物凄い追い上げ。きれいなフォームで、ドンドン加速。太ももは高くあがり、ストライドも大きい。その姿は、陸上のアスリートのようだった。あれれ、話が違うぞ…。キャッチャーって、足が遅いはずでは。私が7・1秒。谷繁選手はなんと！　6・5秒!!　当時43歳。これは、驚愕のタイムだ。

私の体を張った調査結果。それは「キャッチャーは足が遅いイメージだが、個人差がある」。こうも感じた。あの脚力があるのは、強靭な下半身があるからだ。下ができているから、あれだけ長く第一線でやれたのだと。

改めて、プロ野球選手って、怪物だと思った。いや、谷繁監督がモンスターだったのかもしれない。

谷繁監督（右）と50メートル競走。「イッポウ」から

V バラエティ・エピソード篇

74/80

優勝パレードで日本一を逃した昭和49年

塩見啓一

1974（昭和49）年といえば、ドラゴンズが巨人の10連覇を阻み、20年ぶりにリーグ優勝した年。

CBCで長年解説をされている木俣達彦さんは、優勝の瞬間にマウンドの星野仙一投手に飛びついています。普通はピッチャーがキャッチャーに抱きつくものですが、その逆を行ったということでも、印象的な優勝シーンでした。これが10月12日のこと。

その木俣さんに聞いた話です。

2日後の10月14日。名古屋の街では優勝パレードが行われました。20年ぶりの優勝ということで、ドラゴンズファンが殺到。1時間半程度で終わる予定が、終わってみたら1時間以上もオーバーし、2時間40分もかかってしまいました。

しかも、オープンカーに乗ったレギュラー選手たちは沿道のファンと握手。ファンの握手をする手には、自然と力が入ります。握手どころか、選手たちは手を引っ張られてしまう有様。そのためにパレードが終わるころには、選手たちの手が赤くなり、翌日には多くの選手の手がパンパンに腫れてしまったそうです。

そしてパレードの2日後からは、ロッテとの日本シリーズ。結果は4勝2敗でロッテが日本一になりました。木俣さんいわく、「正直言って、リーグ優勝したことで満足しちゃったから、日本シリーズはあんまりやる気が出なかったなあ。チームとしてベストではできなかったよね」。

ちなみに優勝パレードを行った10月14日は、後楽園球場で長嶋茂雄さんがラストゲームを迎えた日。長嶋さんのフィナーレに花を添える意味でも、パレードはシリーズ後にやればよかったのかもしれませんが、20年ぶりのリーグ優勝はそんな常識的な考えを吹き飛ばすくらいのインパクトがあったんですね。

75
80

「10・8決戦」に至る道　その❶

仁村徹
94年9月23日
人生初のサヨナラヒット

伊藤敦基

1994（平成6）年4月、岐阜で開催された広島戦。ゲームは延長戦の末、中日がサヨナラ勝利した。全選手がベンチを飛び出して大喜びする中、たった一人最後の打者・仁村徹だけが悔しそうな表情を崩さずにいた。理由は終わり方にあった…サヨナラ暴投。

何ともラッキーな結末に、緊張から解き放たれた選手たちは喜んだ。しかし仁村だけは打席を離れなかった。暴投となったボールを見送り決勝のランナーを見届けた後も、しばらく悔しそうに打席を離れない。バットを握り締めた手をようやく弛めた後に、「決めたかった。打ちたかった」そう言って勝ち試合に未練を残した。

仁村徹。兄・薫とともに88年の優勝に貢献、「仁村弟」と言った方が通りがいいかもしれない。すでにこの時兄は引退していた。物静かな印象だったが内に秘めた闘志は熱く、リーダーシップを持った選手だった。94年は選手として最も脂の乗っていた時期だ。

しかしチームは8月に8連敗し、8月28日には53勝55敗の4位。首位巨人とのゲーム差は絶望的な7・5まで開いた。

翌日グラウンドで「(優勝は無理だけど)シーズンの終わり方が大事になってきますね」と訊いたところ、仁村は真顔で「胴上げを見るまではまだ優勝を諦めない」と答えた。大言壮語するタイプではないので、常套句がやけに記憶に残った。

実はそのころ、仁村は選手会長の川又米利とともに高木守道監督の遠征先の部屋を訪れている。監督は元来無口なタイプだが、チームを前に進めていく上で監督の考えが分からない、首脳陣の気持ちが最前線まで伝わってこないと感じることがあった。自らの円熟期をBクラスで終わりたくない二人は、意を決して監督に願い出た。

「監督。もっと僕たちに声を掛けて下さい」

現役時代、監督から何か言われるのを嫌っていた高木監督は、気質の違いに驚いた。

選手への声掛けが功を奏したとは思わない。だが不思議なことに、絶望的だった首位巨人との差は詰まっていった。8月29日からの東京ドームで巨人に連勝。すると今度は巨人が9月に入り失速。中日は9月に9連勝して「10・8決戦」へともつれ込む。潮目が変わったのだ。

その9連勝の4連勝目になった9月23日。試合を決めたのは仁村徹。学生時代にもなかった、人生初のサヨナラヒットだった。

見逃せばボールだった。でも前に飛ばせば何かが起こる。4月のサヨナラ暴投。明らかなワンバウンド投球を見送らざるを得なかった悔しさを、ついに晴らす時がやってきた。

得意の右打ちで外野の芝生にボールを転がした瞬間、歓喜が起こった。5カ月前は素直に加われなかった輪の中に堂々と飛びこんでいった。仁村は「10・8決戦」に至る9月・10月の19試合で64打数23安打3割5分9厘と、当時のレギュラーで誰よりも高打率を残した。

本当に最後まで諦めなかったのだ。

「サンデードラゴンズ」の二代目司会者時代、ドラゴンズの必勝を祈願した

「10・8決戦」に至る道　その❷

「10・8決戦」逆襲の起点

水分貴雅

1994（平成6）年10月8日。セ・リーグペナントレースは、中日―巨人の公式戦最終試合に勝った方が優勝、というドラマチックな展開となり、「10・8決戦」として伝説になっている。

この年、ドラゴンズは首位巨人に一時9・5ゲーム離され、優勝は絶望的な状況となり、高木守道監督の退任も内々で決まっていた。8月下旬のミーティングで「監督として至らぬ点が多々あったかもしれない、私に要望があれば言ってもらいたい」と発言。その時、リリーフエースとして活躍していた郭源治投手が、手を上げて発言した。

「監督にお願いがあります。本当に大事なピンチのときは、監督自身がマウンドに来てアドバイスをください。監督の言葉は大きいです。お願いします」

ピンチの時、マウンドには投手コーチがアドバイスに行くのが常識。高木監督も、それがコーチの仕事と割り切っていた。しかし8月末の東京ドームの巨人戦、抑えで登板しピンチを迎えた郭投手のもとに、初めて高木監督がマウンドに足を運んでアドバイス。そのピンチを切り抜け勝利を飾ると、ドラゴンズの猛反撃が始まった。９月以降を14勝４敗で乗り切り、10・８ナゴヤ最終決戦まで、ペナントレースはもつれにもつれた。

試合は巨人が勝った。中日は奇跡の逆転優勝を逃してしまう。全てが終わったはずだった試合後、川又米利選手会長、仁村徹選手らが監督室に行き、監督続投を直訴。数日後、当時の加藤巳一郎オーナーが高木監督続投を要請し、退任は撤回された。

２度目の監督を経験された高木さんは、２０１２（平成24）年もクライマックスシリーズ最終戦で巨人に敗れ、日本シリーズに駒を進めることができなかった。選手が作戦通り動けない試合では、怒りが抑えきれず、途中から作戦なしの「ノーサインゲーム」があったり、時に激しい面を見せる監督だったが、われわれＣＢＣスポーツアナウンサーにとって解説者、高木守道さんは優しく気配りの人、紳士。１９８９（平成元）年、私のラジオ初放送でも、コンビを組んでいただき、未熟な私に嫌な顔ひとつせず、放送後「（中日の）勝ち試合が放送できてよかったね」と、さりげなく声を掛けてくれたのは、忘れられない思い出になっている。

76
80

2007年の日本シリーズ　その❶

ドラゴンズ日本一実況

水分貴雅

2007（平成19）年、私は53年ぶりとなったドラゴンズ日本一のラジオ中継を担当、感激と同時に、さまざまな感情が渦巻いた。

1954（昭和29）年の日本一から、日本シリーズで6回連続勝てず、日本一を逃していたドラゴンズ。2007年は、2年連続で日本シリーズに駒を進め、北海道日本ハムに雪辱をかけ臨んだシリーズだった。初戦は落したが、札幌での2戦目をものにすると、ナゴヤドームで第3戦、第4戦は快勝し、第5戦は53年ぶり日本シリーズ制覇に王手をかけた。

立ちはだかるのは初戦好投の、日本ハムの絶対的エース・ダルビッシュ有投手。ドラゴンズ先発・山井大介投手も一歩も引かない好投をみせ、1点勝負の投手戦に。中日は平田良介選手の犠飛で1点をリード。気がつけば山井投手は、8回まで完全試合を継続していた。1人のランナーも出していない〝パーフェクト〟。このまま9回も3者凡退で試合が終われば、シリーズ史上初の完全試合での日本一だ。

「山井コール」が沸き起こり、ドームは異様な興奮状態に。CM中、ふと自分の中で頭をよぎったのは、「ひょっとしたら落合監督は投手を代えるのではないか？」。その瞬間「山井に代わりまして、岩瀬」のアナウンス。

どよめき、ため息、歓声、笑い…さまざまな反応が場内を渦巻く。日本一の感動の瞬間を伝えなくてはいけないのに、頭の中は大混乱に陥った。

「なぜ交代？ 1人の投手の完全試合で終われば、これほど劇的な快挙はない」。「山井投手の気持ちはどうなのか？」。「目前の勝利、しかも日本一になるための確率を上げるのが最善の作戦なら、ベストの選択？」。「もし、この試合を逆転で落としたら、札幌までもつれると流れが変わる危険性も」。2004（平成16）年西武との日本シリーズで、王手を掛けながら、連敗した苦い思い出も蘇る。

異様な興奮状態のナゴヤドームでも、さすが岩瀬仁紀投手はいつも通りの安定した投球で、9回を3者凡退で抑えた。日本シリーズ史上初、二人の投手ではあるが、「完全試合」による勝利でドラゴンズの日本一は達成された。

試合後、落合監督は「岩瀬の9回のピッチングはもっと評価されていいんじゃないか」。

岩瀬投手は「ランナー一人出しても責められそうで、こんなに緊張した登板はなかった」と語り、最後の打球を処理した荒木選手も「ボールが指にかからず、不細工な送球になってしまった」と苦笑い。

私もマイクの前で感動を語りながらも、同時に疑問が頭を渦巻く、なんともいえぬ忘れ得ぬ体験となった。少し冷静な感覚もあったがため、絶叫し過ぎず、ほどよいテンションで実況できたのかもしれない。

（試合終了後、山井投手の爪が割れていて、森コーチが本人の意思を確認した上で、リリーフエース岩瀬に交代した、と報じられた）。

2007年の日本シリーズ　その❷
大魔神が驚いた！ あり得ないリリーフ

伊藤敦基

2007（平成19）年の日本シリーズ第5戦。53年ぶりの日本一に王手をかけた大一番。試合の主役の座を奪ったのは中日先発・山井大介投手。日本ハム打線から凡打の山を築き一人の走者も許さない。独特のスライダーの切れが抜群でした。2回に平田良介の犠飛でもぎ取った虎の子の1点を守り抜く。中盤からは両軍とも点が入る気配がありませんでした。

この試合のラジオ中継の放送席には、髙木守道さんと佐々木主浩さん。投手戦の展開で一番難しいのは継投策ですが、山井は一人も走者を出さないし、日ハムにも先発ダルビッシュ有以上の投手はいないので継投は話題にも上りませんでした。当時の日本シリーズの「無走者記録」は、1962（昭和37）年の第2戦で阪神・村山実投手が作った7回1／3。山井の出来と、日ハム打線を秤にかけたら更新はしそう…ひょっとしたら史上初の「日本シリーズでのパーフェクトゲーム」もあり得る！

しかし、指揮を取っているのは名うての策士・落合博満監督。8回までパーフェクトで、日本シリーズ記録を更新したところで訊いてみました。

「髙木さん、ひょっとしたら9回に岩瀬を出しませんかね？」

「うん…あるね」

常々岩瀬仁紀を日本一の投手と評価していた落合監督。53年ぶりの日本一の瞬間にはどんな状況であれ岩瀬と決めているはず。たとえそれがパーフェクトゲームであっても…。

これには大魔神・佐々木主浩さんが驚いた！

「いやいや、ムリムリムリ！　こんな場面でマウンドに上がったストッパーなんていませんよ。しかも1点差で抑える保証なんてありませんよ！」

9回表。場内に沸き起こる山井コール。しかし一塁ベンチから出てきたのは、山井ではなく落合監督だった。「…岩瀬」。

当然のようにその名を告げてダッグアウトに下がった。場内は異様な雰囲気。いつもは歓声に迎えられる岩瀬が、「ええっ～～～!!」という驚きと落胆の声の中マウンドに上がった。

「これなんですよ。『えっ！ なんで？』というムードの中でマウンドに上がるのが、ストッパーは一番嫌なんです」

〝厳しい場面を抑えてくれ〟なら意気に感じるし、いつもと同じ。でもこの状況は違う。ストッパーにとって、求められていないマウンドに上がることが一番キツイというのです。日米でクローザーとして君臨した大魔神ならではの解説でした。


岩瀬の表情は硬かった。日本一が決まる場面、パーフェクトに抑えてきた投手の後をリリーフした投手など空前絶後、世界中どこにもいないでしょう。ところが未開・未到・未知の領域に立った岩瀬は、いつも通りの武器・スライダーを携えてアウトを三つ獲りました。

歓喜の瞬間の中心にいた岩瀬を見て、佐々木さんは「本当にスゴイ！ ただのアウトじゃない」と、感心しきりでした。

77
80

宮部　迷実況

プロの実況アナウンサーとして、あってはならないことですが、それでもちょくちょく生まれてしまうのが、私ならではの迷実況。アンビリーバブル実況を、過去形として振り返ります。ドラゴンズの戦いに興奮するがゆえと、今回だけはお許しください。

宮部和裕

迷実況・第3位　私は、UFOを見た!?

千葉での夢の球宴。試合前のセレモニーから華々しく演出され、幕張の海上から巨大なスポンサーの「飛行船」が姿を現し、右翼スタンド上空へ。ラジオ中継真っ最中でのサプライズに、私思わず、「たった今、目の前に、大きな宇宙船がやってきました！」とリポートしてしまいました。これには、ラジオのリスナーの皆さんも、球宴出場の選手もビックリだったでしょう。

第2位　気まずい事件簿

忘れもしません。場所は春の浜松球場。ライト福留選手が、ライト前ヒットの打球を素早く捕球し、三塁へ向かう走者を刺そうとレーザービーム、矢のような送球、「きわどいタイミングっアウト!!」というシーンを、どう間違ったか、「気まずいタイミングッ!!」と叫んでしまったんです。帰社後の私自身が、社内外で気まずくなってしまったのは、言うまでもありません。

第1位　谷繁捕手、半勃ち事件!

捕手の見せ場の一つ、盗塁を狙う走者を刺す二塁への送球動作。しかも、バッテリーが攻撃側の動きを察して、あらかじめ、捕手が〝中腰〟姿勢になり送球する姿は、捕手の見せ場のひとつ。その決定的瞬間を、私、実況で、「キャッチャー谷繁、半勃ちから二塁へ送球、タッチアウト!」とやってしまったのでした。よりによって中腰を半勃ちとは…後日、それを知った谷繁さんご本人からひと言。「まあ、ボクも興奮状態だったかもしれませんからね」。低く野太い声でのフォローに感激しました。だからこそ、猛反省。

こんな私ですが、ほんとありがたいことに、中継する試合は好ゲームに恵まれています。実況デビュー戦での山﨑武志選手の5階席特大ホームランや、山本昌投手史上最年長ノーヒットノーラン達成の瞬間、あまたのサヨナラ勝ちなどなど。ただ、真逆のハプニング実況をすべて暗記し、世間に広めてくださっている方がいます。スピードガンの申し子、小松辰雄さんです。

そもそも私にとって小松さんは、子供の頃からの憧れ。学校には34番の背番号Tシャツをヘビーローテーションで着続け、少年野球では投球フォームを真似、生まれて初めて手に入れたサインボールも小松さんの逸品でした。小松さんの超一流たるゆえんは、その超人的肉体もさることながら、鮮明な記憶力です。放送席でお話しさせていただくようになってからつくづく驚かされています。

ファンならどなたでも優勝の瞬間など名シーンを事細かに覚えていらっしゃると思いますが、小松さんが凄いのは、例えば、1982（昭和57）年最終戦でリーグ優勝を決めた試合の、プレイボールからラストバッターとなるラム選手の打ち取りまでの完封劇を全球記憶してらっしゃることです。超一流は、記憶力も超一流。

だからといって、私の消し去りたい過去まで事細かに広めていただかなくても…。

今宵も、名古屋の歓楽街、錦の人気店、ふるさと能登の味「海鮮山 小松丸」にて、居酒屋トークの肴にしてもらえるのでしたら、これ幸いです。

ナゴヤドームのCBC実況席で小松辰雄さんと2ショット

78/80

プロ野球選手はよくモテる

久野　誠

最近の球場には若い女性がずいぶん増え、立派なカメラでお目当ての選手を撮りまくる光景も、珍らしくなくなりました。また、遠征先のホテルのロビー付近で選手の「出待ち」をする女性は、昔からたくさんいました。そうです。はっきり言って、プロ野球選手はモテます。春のキャンプ地・北谷球場のスタンドでも、周りとはちょっと違ったオーラを漂よわせ、じーっとグランドを見つめる美女がいたら、それは選手のお友達と思った方がいいようです。

これはだれもが知っているあるOBに、「あれには正直まいった！」と言わせたお話です。妻子あるその選手は、お友達との二人きりの旅行を楽しんで帰国。二人で空港を出ようとしたその矢先、そういった場で絶対会ってはいけない人と出会ってしまったのです。奥さん？イヤ、奥様もそうですが、ある意味それ以上にバツの悪い人。答は、奥さんのお母さん。突然の事にオロオロする選手に、ゆっくり近づいてきた義母は、選手の耳元でそっとささやきました。

「おさかんですこと！」

そうです。選手の家族は、タフでなければならないのです。

79
80

オーストラリアまで、〇〇本を持っていった話

塩見啓一

あれはオーストラリアでドラゴンズがキャンプをしていた時のことでした。私はキャンプ取材の後発隊だったのですが、某選手から「塩見さん、後から来るなら持ってきて欲しいものがあるんだけど」と連絡がありました。それは…日本から〇〇本を持ってきて欲しい、というお願いでした。

「そんなもの、オーストラリアにもあるだろう！」と言ったのですが、

「いやあ…どうも外国人ではしっくりこなくて。日本人のヌードが見たいです」

野球漬けのキャンプでしごかれていても、若い選手は元気です。仕方なく3冊ほど買って、取材の荷物の中に入れました。

オーストラリアへの飛行機の中で、ふと不安になりました。

もし、入国審査でスーツケースの中を開けられて、これが見つかったらどう思われるだろうか。大

事なところは黒ずみが入っているから違法にはならないだろうけれど、取材にこんなものを持って来たら、税関の人の心証は悪くなるよな。そう考えはじめたら、だんだん不安になってきました。

とにかくスーツケースを開けないで！と思いながら、いざ空港の入国審査へ。結局スーツケースは開けられることなく、パスポートを見せ、取材目的であることを伝えて、入国をＯＫしてもらうと、どっと緊張感が解けてしまいました。

さあ入国、と思ったら、ストップをかけられました。何か、やらかしたのか⁉

○○本の事に気をとられるあまり、入国審査でパスポートを出したまま、それを受け取らずに進んでしまったのです。パスポートなしでの入国は認められません。どっと冷や汗が出ました。結局、別の通路を通って、もう一度入国審査をやり直し、パスポートをもらって、無事入国できたのでした。

こんな苦労の末、某選手に○○本を無事手渡しました。彼はとても喜び、「これで頑張れます」。その年の彼は好成績だったのですが、これが原因かどうかは定かではありません。

80/80

甲子園の魔物は、どこに棲んでいるのか？

若狭敬一

「甲子園には魔物が棲んでいる！」。実況アナウンサーが絶叫するおなじみの台詞です。毎年見る者を熱くさせる、球児たちの夢舞台・甲子園。全力で白球を追いかける姿に心打たれます。ただ、時には一つのミスで試合の流れが一気に傾き、甲子園は残酷な舞台に豹変することがあります。そこで私は、ドラゴンズの甲子園経験者に「甲子園の魔物はどこに棲んでいましたか？」という質問をしてみました。

「プロ野球選手に比べれば、高校生は技術も心もまだまだです。もし、魔物が棲んでいるとしたら、未熟な球児の心の中じゃないですかね」。そんな格好いい言葉で答えてくれたのは、平田良介選手でした。平田選手は大阪桐蔭の主軸として、2年春と3年夏に甲子園に出場。3年夏の準々決勝では、ＰＬ学園の清原選手以来となる1試合3本塁打を放ち、注目を集めました。「やはり、あの準々決勝で魔物を感じた？」と尋ねると、「いや、僕が感じたのは初戦の春日部共栄戦なんです」と平田選手。

この試合、大阪桐蔭の先発・辻内崇伸投手が乱調で、4回を終わって4対3と1点ビハインド。5回表も、けん制悪送球などで追加点を奪われます。「それで監督が、5回途中から1年の翔に代えたんです」。2番手の中田翔投手は1点を失うものの、後続を抑えます。「翔に代わった途端、球場の雰囲気が変わったんですよ。おお！噂の1年生が出てきた、って感じで」と、当時を振り返ります。「その裏の攻撃ですよ。ボテボテのあたりがヒットになったり、相手投手が暴投したり、どんどん春日部共栄が崩れていって一気に逆転。怖いなと思いました。今思えば、注目の1年生投手が出てきたくらいで、どうってことないんですが、やはり高校生ですから動揺したんでしょうね」。結局、大阪桐蔭は9対7で勝利し、初戦を突破しました。

高校時代に4回も甲子園に出場した岡田俊哉投手は、苦い思い出を語ってくれました。「2年夏の準々決勝・常葉菊川戦です。5回に逆転されて焦って、6回にとどめを刺されました」と肩を落とします。2対0、智弁和歌山2点リードで迎えた5回裏、岡田投手は先頭打者に死球、さらにヒットとエラーで無死満塁のピンチを招きます。1死後、自らの暴投で1失点。しかし、何とか2死二、三塁までこぎつけました。「そのあとです。打ち取ったゴロがショートへ飛んだんですが、イレギュラーしてセンターへ抜けたんです」。これが2点タイムリーとなり、3対2。逆転を許しました。

「今思えば、5回を終わって3対2。先発として十分試合を作っていますし、最後の当たりも打ち取っている。しっかり切り替えてマウンドに上がれば良かったんですが、駄目でしたね。完全に引きずっていました」

6回裏、岡田投手は先頭打者に四球、さらにヒット、最後は特大3ラン。あっという間に6対2となり、ここで交代。2番手以降も崩れ、何とこの回に智弁和歌山は10失点します。「イレギュラー自体じゃなくて、それに動揺した僕のメンタルが弱かったんです」と岡田投手。やはり魔物は、球児の心の中に棲んでいるようです。

「このテーマ、やはりあの人にも聞かなきゃ」と思って取材したのは、小山良男捕手コーチ。小山コーチは松坂大輔投手とバッテリーを組み、春夏連覇を達成した横浜高校のナインです。「甲子園の魔物を感じた試合はありますか？」。「やはり明徳戦ですね」と、小山コーチ。横浜対明徳義塾といえば、1998（平成10）年、夏の甲子園準決勝あの奇跡の逆転サヨナラ劇です。

「もう時効だから、いいと思うんですけど…」と、小山さんは苦笑いを浮かべながら告白してくれました。「最後まで勝利を信じて戦っていました、って試合後の取材では答えていましたけど、あの試合、実は全員諦めていたんですよ。監督もそんな感じでした」。それもそのはず、試合は8回表を終わって6対0。まさに敗色濃厚という展開でした。「でも、8回裏が始まる時に、誰かが一言つぶやいたんです。PLに申し訳ないから、1点くらい取ろうぜって」。前日横浜は、PL学園と球史に残る延長17回の死闘を戦っていました。「そうだよな。このまま負けたら、本当にPLに申し訳ないよなって。でも、逆転して勝とうなんて全然思ってないですよ。だって、6点差ですから。せめて、2、3点は返さないとなってくらい。監督も松坂に9回表くらいは投げさせるか、ってことになったんです」。これが、横浜ベンチの偽らざる思いでした。

8回裏、横浜は先頭打者が失策で出塁。その後タイムリーや暴投などで4点を返し、球場は異様な熱気に包まれました。そして、あのシーンです。前日250球を投げた松坂が、右手のテーピングをゆっくりと剥がしたのです。「松坂が投げる!!」。甲子園は、興奮のるつぼと化しました。「今思えば、8回が終わって6対4。まだ明徳2点リードです。松坂も疲労はピーク。簡単にひっくり返せる状況ではなかったはずです。でも、球場の盛り上がり方がものすごかった。こっちが押したというより、相手がどんどん飲まれていった、という感じでしたね」と小山さん。結果は、皆さんご存じの通りです。

エラー、暴投、走塁ミス、イレギュラー、雨、風…。甲子園には魔物が棲んでいると言われますが、その棲家は技術も心も未熟な球児の心の中。のちにプロで活躍する選手でさえ、高校時代は予期せぬプレーに動揺し、球場の雰囲気に飲まれていったのです。

今年もきっと、われわれの心を熱くするであろう甲子園。ただ、選手はあくまで高校生だということを忘れずに、温かい目で見届けたいと思います。

おわりに

みなさま、最後までお読みいただき、ありがとうございました。ＣＢＣアナウンサーがつづった80の物語、いかがだったでしょうか。

われわれは普段、ファンが入れないグランドに足を踏み入れ、選手と間近に接し、放送席という特等席で試合を見ています。それはズバリ「伝える」ため。プロの技を実況するのはもちろん、一投一打の裏に隠された選手の熱い思い、ユニフォームを脱いだ時の知られざる素顔を伝えるためです。われわれには使命があります。ファンとドラゴンズをつなぐ架け橋になる、という使命です。これからもドラゴンズに寄り添い、耳を傾け、ファンのために多くの物語を伝える語り部でありたいと考えています。

今年は球団創設80周年。セ・リーグ制覇、日本一を願ってやみません。秋にはビールかけの興奮を伝えたいものです。

最後になりましたが、関係各位のみなさまには今回の出版にあたり、多大なご尽力を賜り、ありがとうございました。心より感謝申し上げます。

ＣＢＣアナウンサー　若狭敬一

［企画構成］
蛯原浩人（CBCテレビ スポーツ部）

［イラスト］
アダチケイジ

中日ドラゴンズ
とっておきエピソード80
ドラええ話

CBCテレビ アナウンス部編著

2016年3月7日　初版第一刷発行
2016年4月5日　初版第二刷発行

発行者　野嶋庸平
発行所　中日新聞社　〒460-8511 名古屋市中区三の丸一丁目6番1号
電話　052-201-8811（大代表）
052-221-1714（出版部直通）

印刷・製本　図書印刷株式会社
ブックデザイン　idG株式会社

ISBN978-4-8062-0705-4
落丁・乱丁本はお取り替えします。
定価はカバーに表示してあります。